모두를 품은 성심 誠心

안봉화 평전

저자 신경식

도서출판사 TOBIA

글쓴이 **신 경 식**

대전고등학교를 졸업하고 충남대학교 의과대학과 대학원을
마친 후 소아과 전문의로 일해 왔다. 지금 웰니스어린이병원
에서 어린 환자들을 돌보고 있다. 본업인 의사 외에도 왕성한
사회활동으로 지역 사회에 크게 이바지했다. 한국국제기드온
협회 청주 캠프와 청주중앙로타리클럽, 청주청년회의소(JC),
청주YMCA 등에서 활동했으며, 의사회에서도 임원으로 활
동하며 여러 봉사에 적극적으로 참여해왔다. 이외에도 청주
서원신용협동조합에서 이사장으로 11년 동안 봉사해 견실한
지역 신협으로 발전시켰다. 청주서원교회 장로로 신실하게
신앙생활을 이어오고 있으며, 교회와 기독교대한성결교회 청
주지방회의 여러 중직을 맡아 헌신했다. 신경식은 이 책의 주
인공 故 안봉화 장로의 사위이다. 안봉화 장로는 사위인 신경
식을 아꼈고 사랑했으며, 언제나 깍듯하게 대접했다. 신경식
은 장모 안봉화 장로를 아들처럼 따랐고 또한 신앙 후배로 늘
사랑하며 존경했다. 안봉화 장로는 신경식에게 어머니이자
동시에 신앙과 삶의 스승이었다. 이 책은 신경식이 풀어낸 안
봉화 장로에 대한 진중한 존경의 헌사이다.

모두를 품은 성심 誠心

안봉화평전

1판 1쇄 2023년 4월 19일

저자_신경식
책임편집_강신덕
디자인_오인표
펴낸이_강신덕
펴낸곳_도서출판 토비아
등록_107-28-69342
주소_서울특별시 은평구 은평로21길 31-12, 4층(녹번동)

ISBN: 979-11-91729-17-7   03230

모두를 품은 성심 誠心

안봉화펑전

저자 신경식

도서출판사 TOBIA

그리운 안봉화 장로님

정진호 목사
청주 서원교회 당회장

저는 청주 서원교회를 7년째 목회하고 있습니다. 부임해서 거의 6년간 고故 안봉화 장로님을 가까이서 뵐 수가 있었습니다. 안봉화 장로님과 관련해 마음에 가장 먼저 떠오르는 것은 장로님께서 주의 종을 굉장히 소중하게 생각하셨다는 것입니다. 장로님께서는 언제나 주의 종들에게 깍듯하셨습니다. 주일예배를 마친 후 식사하시는 식당의 방으로 인사차 가면, 장로님께서는 늘 일어나셔서 정중하게 인사를 하십니다.

안봉화 장로님께서는 주일이나 언제나 예배를 위해 교회로 오실 때는 하나님 앞에 최선을 다하는 마음으로 정성을 다해 준비해서 오셨습니다. 장로님께서는 옷차림이나 마음의 매무새 그 어느 것 하나 소홀히 하는 일이 없으셨습니다. 예배에서는 언제나 모범이셨습니다. 연세가 있으심에도 예배시간에는 언제나 반듯하게 앉으셔서 예배를 드리셨습니다. 한마디로 하나님 중심, 예배 중심의 장로님이셨습니다. 장로님께서는 여성이시지만 그릇이 크신 분이셨습니다.

안봉화 장로님 하면 잊을 수 없는 일이 한 가지 있습니다. 제가 교회에서 제자훈련을 하는데 제 반에 들어오셔서 화요일에 <하나님을 경험하는 삶>을 함께 공부하셨습니다. 이때 벌써 연세가 아흔이 넘으신 것으로 기억하는데 다른 성도님들과 똑같이 강의를 들으시고 부탁받은 숙제를 완성해 오십니다. 공부를 마친 후 성구 암송 숙제를 검사하면 다른 후배 성도들과 같이 서서 숙제 검사를 받으며 성구를 암송하시는 장면은 지금도 마음에 깊은 감동으로 남아 있습니다.

한번은 제가 <하나님을 경험하는 삶> 저녁반을 인도 하는데, 누군가 발소리가 들리는 것이었습니다. 그때는 이미 강의가 시작된 후였습니다. 장로님께서는 그때 서울에서 있었던 어떤 모임에 가셨다 내려오시는 길이었던 것 같습니다. 그러나 장로님께서는 그 피곤한 발걸음을 집으로 향하지 않으셨습니다. 장로님께서는 교회의 성경공부를 잊지 않으시고 오셨습니다.

하나님 말씀을 배우는 데는 나이가 문제가 되지 않습니다. 하나님을 사랑하고 말씀을 알고자 하는 사모하는 마음만 있으면 가능한 것입니다. 이것을 실제로 보여주시는 분이 안봉화 장로님이셨습니다. 아흔이 넘은 연세에도 교회에서 하는 제자훈련에 열정적으로 동참하심으로 모범을 보여주신 장로님의 모습은 지금도 눈에 선하고 존경스럽습니다.

안봉화 장로님의 따님은 우리 성결교단 전국여전도연합회 회장을 역임하신 나신종 권사님이십니다. 그리고 사위는 소아과의 사이신 신경식 장로님이십니다. 두 분 다 우리 서원교회의 귀한 중직들이십니다. 이제 안봉화 장로님의 신앙의 유산은 이 두 분이 잘 이어가고 계십니다. 두 분은 장로님의 영적 유산을 잘 이어 우리 청주서원교회를 충성스럽게 잘 섬기고 계십니다.

장로님을 천국에 환송한지 일년이 지나 장로님이 그립습니다. 늘 소녀 같은 모습으로 예배를 드리셨던 장로님, 열정적으로 하나님 말씀을 배우려고 노력하셨던 장로님, 우리 성결교단의 여성 지도자로서 평생 헌신하였던 장로님, 주의 종을 위해서 늘 기도하시고 아껴주신 장로님, 너무나도 멋지셨던 장로님, 그 아름다운 모습이 그립습니다.

지금도 주일이면 가끔 안봉화 장로님께서 쉬셨던 식당의 방에 들어가 봅니다. 거기 잠시 앉아 다른 권사님들과 이야기를 나누다 보면, 그 가운데 장로님께서 아직 살아계셔서 환하게 웃으며 이야기를 이어가는 것 같습니다. 맛있게 식사를 하시던 모습이 여전히 눈에 선합니다.

흔히 목사는 좋은 교인을 만나는 것이 복이라고 말을 합니다. 그런 면에서 안봉화 장로님 같은 훌륭하신 분을 모시고 목회하게 하신 하나님 은혜를 감사드립니다. 워낙 건강하셨던 터라 조금 더 우리 곁에 오래 계시면서 함께 신앙생활 하실 것이라 생각했는데, 이제 우리 곁에 계시지 않다는 사실이 어렵습니다. 그리고 섭섭합니다.

그러나 저와 우리 서원교회 모든 성도는 안봉화 장로님의 신앙 열정과 하나님 중심의 신앙생활을 잘 본받아 더욱 부흥하는 교회로 세워져 갈 것을 다짐합니다. 저 역시 앞으로도 변함없이 한분 한분 성도님을 사랑하고, 말씀으로 잘 세워드리는 목회를 해야겠다는 결심을 하게 됩니다.

이번 안봉화 장로님의 삶과 사역, 봉사와 헌신의 이야기를 담은 책 『안봉화평전』이 사랑하는 신경식 장로님의 수고와 나신종 권사님의 헌신으로 세상에 나오게 되었습니다. 장로님께서 신앙생활 하시던 서원교회 담임목사로서 누구보다 하나님께 감사드립니다. 이 책은 저를 비롯한 이 땅의 많은 목회자, 그리고 교회 지도자들에게 귀감이 될 것입니다. 더불어 하나님의 부름으로 교회와 세상을 향해 봉사와 헌신을 결단하는 많은 교회 지도자들 특히 여성 지도자들에게 귀한 교훈이 될 것입니다. 무엇보다 하나님의 자녀로 구원받아 일평생 주를 위해, 주의 나라를 위해 수고하고 헌신하기를 결단하는 신앙의 후배들에게 귀한 책이 될 것입니다.

책이 나오기까지 진중한 수고를 다 하신 신경식 장로님에게 깊은 감사를 드립니다. 장로님 한평생 무엇을 꿈꾸며 살아오셨는지 누구보다 잘 알고 그 마음을 세상과 나누기를 고대하며 기도하신 나신종 권사님에게도 진심으로 감사드립니다. 무엇보다 이 책을 세상 모든 그리스도인의 수고와 헌신의 도구로 세우신 하나님께 진심으로 감사드립니다.

이 책에 관한 모든 찬양과 축복은 결국 하늘 하나님의 품에서 이 모든 것을 지켜보고 계신 안봉화 장로님의 것입니다. 그리고 그분을 인도하시고 이끄신 우리 주 하나님의 것입니다. 장로님, 이제 평안하십시오. 주님 품에서 편히 쉬십시오.

안봉화 장로님 늘 사랑하며 존경합니다.
그립습니다. 우리 주님 오실 때 뵙겠습니다.
따뜻함으로
정진호 목사가 드립니다.

故 안봉화 장로님의 평전 출간을 축하합니다

황덕형 총장
서울신학대학교

교단과 그리고 우리 학교와 관련해 정말 많은 일을 하셨기에 여기저기 교단과 학교 관련 행사와 일들에서 장로님을 비교적 자주 뵐 수 있었습니다. 하지만 평교수 시절에는 안 장로님을 먼발치에서만 뵈었습니다. 관계를 맺고 나누기까지는 시간과 세월이 필요했습니다. 그러다 가까이 접하고 직접 대화를 나누며 장로님을 뵐 수 있었던 것은 총장으로 일하기 시작하면서부터입니다. 그 사역의 크기와 깊이를 여러분들을 통해 전해 듣기만 하다가 가까이 뵙고 사적인 대화를 나누게 된 것은 저로서는 아주 커다란 영광이었습니다.

이후 장로님과는 네다섯 차례의 대화를 나눈 것으로 기억합니다. 장로님과의 대화는 꽤 인상이 깊었습니다. 우리 서울신학대학교에 대한 사랑을 깊이 느낄 수 있었던 시간이었습니다. 그뿐 아니었습니다. 장로님께서는 대화 가운데 본인의 여러 경험담을 들려주시면서 서울신학대학교에 나름 유익을 주시려고 노력하기도 하셨습니다. 연륜이 묻어나는 이야기들이었고 전체 행정과 운영을 책임지는 저로서는 교훈이 될만한 이야기들이었습니다.

무엇보다 장로님께서는 신앙적이셨습니다. 모든 일을 신앙적인 가치에서 생각하시고 하나님께 모든 것을 맡겨야 한다는 신념이 확고하셨습니다. 그래서 주님의 뜻이라고 판단된다면 장로님께서는 그것을 성취하기 위해 매우 적극적인 자세로 힘쓰고 애쓰셨습니다. 장로님께서는 그 모든 일들에서 절대로 물러서는 법이 없으셨습니다. 언제고 담대하셨고, 어디서나 최선을 다하셨습니다. 백절불굴 신앙의 여장부! 바로 그 모습이었습니다. 끝까지 최선을 다하시면서 사랑 때문에 포기하지 않으시는 그런 삶의 경험이 너무 아름다웠습니다.

또 하나 인상적인 것은 장로님께서 경험하신 일들이 매우 많고 다양했다는 것입니다. 장로님은 신앙적 가치를 가지고 그야말로 세계를 다니시면서 무수히 많은 경험을 하셨습니다. 장로님께서는 세상을 경험하고 품는 가운데 다양한 아이디어와 교훈과 지혜를 본인의 것으로 삼으셨습니다. 그리고 그 모든 것을 고스란히 서울신학대학교와 같은 배움의 기관에 쏟아 놓으셨습니다. 당대의 여러 많은 지도자를 넘어서는 각별한 통찰과 지혜가 장로님에게서 흘러나왔습니다. 그리고 그 모든 것은 서울신학대학교에 중요한 자양분이 되었습니다.

장로님의 경험과 지혜는 저만 듣고 담아두기에는 아까운 것들이 많았습니다. 그래서 언제고 많은 사람에게 귀한 이야기들로 회자되었으면 하는 바람이 있었습니다. 특히 제가 소속된 기독교대한성결교회의 목회자들과 평신도 지도자들 그리고 무엇보다 미래 교단의 지도자와 사역자들이 될 젊은이들에게 많이 나누어지기를 소망했습니다. 그런데 이번에 이렇게 안봉화 장로님의 평전이 출간된다고 하니 참으로 기쁜 일입니다. 바라기는 안봉화 장로님의 다양하고 보석 같은 아름다운 경험들이 한데 모아져 세상 변화를 일으키는 큰 울림이 되었으면 좋겠습니다. 무엇보다 교단 내외의 후배 여성 지도자에게 그리고 우리 모든 신앙인에게 커다란 비전과 용기를 주는 일이 되기를 바라며 또 확신합니다.

장로님의 유족들, 특히 나신종 권사님과 신경식 장로님이 중심이 되셔서 장로님의 유훈을 받들어 귀한 일을 이루시는 것을 봅니다. 같은 성결교회 교인의 한 사람으로서 깊은 감사의 마음을 전합니다. 주님께서 모든 유족에게도 커다란 은총을 더해주시고 이 평전을 대하는 모든 이들에게 감동을 주시기를 기원합니다.

추천의 글

안봉화 평전의 가치

박영환 교수
서울신학대학교 명예교수

하나님 나라의 일을 진정된 마음으로 섬기는 사람, '예수 그리
스도의 마음'을 닮은 사람, 우리는 과연 누구를 떠올릴 수 있을
까? 주변에서 이 사람이다 싶은 경우를 찾기가 쉽지 않다. 기억
나는 이름이 없다. 그래서 결국, 마음에 떠오르는 한 사람, 그분이
바로 안봉화 장로님이다. 나는 어느 순간 그 이름, '안봉화'를 책
으로 남겨야 한다고 생각했다. 그렇게 되기를 바랐다. 그런데 천
만다행히도 『안봉화평전』이 세상에 나오게 되었다. 끝까지 가지
고 있던 땅문서마저 "마지막"이라고 드렸던 하나님의 귀한 딸의
삶을 평전으로 정리한 것이다.

안봉화 장로님은 성결교단과 서울신학대학교를 끝까지 사랑
하는 마음을 품고, 그들을 섬기되 끝까지 온전히 섬기지 못해 안
타까움을 감추지 못한 분이시다. 당신을 찾아와 도움의 손길을

호소하는 목회자들을 절대로 내치지 않은 분이 안봉화 장로님이시다. 목회자들 뿐이 아니다. 성결교단 내외, 국내외 다양한 기독교 기관들도 수시로 귀한 여종의 마음의 문을 두드렸고, 한결같이 자기들이 원하는 답을 얻어 갔다.

이제 그 귀한 여종이 떠나고, 『안봉화평전』을 만들려고 돌아보니 문득 예수님 생각이 났다. 예수님께서는 병 고침을 받은 아홉 명의 문둥병 환자가 모두 어디 있는지 물으셨다. 같은 질문을 안봉화 장로님의 헌신에서 답을 얻은 분들과 기관들, 우리 모두에게 던지고 싶다. 그 시절 故 안봉화 장로님에게 도움을 얻은 우리는 지금 어디에 있는가.

하나님의 귀한 여종이 품은 것은 다름 아닌 '예수 그리스도의 마음'이었다. 안봉화 장로님은 예수님 마지막 예루살렘 길을 순종한 나귀 새끼처럼, 하나님의 모든 일들에 한결같은 마음으로 순복한 여종이었다. 그에게는 오직 하나, '예수 그리스도의 마음'만 있었다. 안봉화 장로님은 그 이상도 그 이하도 아닌 오직 한 가지, 하나님 나라를 향한 순전한 마음으로 평생을 살았다. 이렇게 말해두는 것이 옳을 것이다.

안봉화 장로님 마지막 순간을 잊지 못한다. 본인이 직접 준비한 수의를 입고, 준비해둔 꽃신을 신고, 마지막 자리에 누워 계시던 장로님은 매우 작았다. 성결교회와 한국교회, 그리고 서울신학대학과 세상 모두를 섬겼던 거인의 모습과 비교하면 아주 작은 모습이었다. 그렇게 작은 체구에서 어떻게 그렇게 대단한 용광로 같은 힘이 일어났는지 알 수 없었다.

안봉화 장로님에게도 숨차고 버거운 시간은 있었을 것이다. 그럴 때마다 그분 마음의 예수님께서는 어깨를 도닥이시며 염려하지 말라고 하셨고, 기도하라 하셨다. 그 분에게도 고통스럽고 절망스러운 시간은 있었을 것이다. 안봉화 장로님이 너무 힘들어 무너지려고 할 때, 예수님께서는 그분을 붙드시고 세우시며 격려하셨다. 그리고 곧 낙원에 이를 것을 말씀하셨다.

『안봉화평전』은 삶의 아픔과 고통 속에서도 믿음으로 삶을 이어가며, "죽도록 충성하라 내가 생명의 면류관을 네게 주리라"하신 말씀을 따라 살아간 흔적의 결정체다. 우리는 이 책을 통해서 이제껏 겉으로만 보아 온 하나님의 귀한 여종을 내면으로 한층 더 가까이 들여다볼 수 있게 되었다. 장로님이 여기저기 섬김의 퀼트 조각으로 이루신 그 모든 개별의 것들을 하나로 엮어 온전한 큰 그림으로 완성한 것이 바로『안봉화평전』이다.

누구도 귀한 여종의 섬기는 삶의 깊이를 온전히 들여다본 사람은 없다. 장로님이 어디에 얼마마 무엇을 어떻게 돕고 섬기고 나누고 보냈는지를 온전히 다 아는 사람은 없다. 그것은 장로님과 하나님만이 알 일이다. 장로님은 그렇게 평생을 살면서 자기가 가진 것 어느 하나라도 필요하다 싶은 사람과 교회에 아낌없이 다 내주었다. 그것은 장로님의 평생 자기를 훈련한 성품이고 하나님 앞에 선 장로님의 정직한 영성이었다.

사실 우리는 안봉화 장로님이 평생 이루신 일들의 실체를 온전히 보려고도 하지 않았다. 장로님은 혹시 바보였을까? 장로님이 혹시 세상 물정을 너무 몰랐던 것은 아닐까? 장로님에게 많은 것을 얻은 사람들과 세상이 장로님 앞에서 지나치게 명민하게 군 탓일까? 장로님 보기에 세상이 너무 잘나 그런 세상을 두려워하는 마음으로 그렇게 했던 것일까? 세상 모든 것이 하나님의 것이니 장로님 가진 것들도 온전히 주님의 것이어야 한다는 마음들이 너무 크게 작용한 탓을 아닐까? 그러나 하나님의 여종 안봉화 장로님에게는 이런 이유와 설명들이 필요 없었다. 장로님은 예수님 따라 자기 가진 것 다 하나님께 드린 것이니 하늘 하나님께서 그 '성심'만 알아주시면 된다는 생각이었다. 그것이 틀림이 없다.

이 깊은 안봉화 장로님의 본심을 풀어낸 것이 바로 『안봉화평전』이다. 『안봉화평전』은 우리 신앙의 후배들에게 하나의 좌표이다. 시금석이다. 자이로스코프이다. 우리는 이 책을 기준 삼아 우리 신앙하는 삶의 실체를 들여다보아야 한다. 살펴야 한다. 그리고 성찰하여 반성하고 우리 역시 예수님처럼, 안봉화처럼 '성심'을 다하는 삶으로 나아가기를 결단해야 한다. 많은 사람이 오늘 교회의 문제, 신앙인의 문제, 그 풀리지 않는 문제의 현실들을 어려워하고 힘들어한다. 교회와 교회 사람들, 신앙의 사람들, 목회자와 지도자에게 실족하고 무너져 넘어진다. 그 해답은 『안봉화평전』에 담겨 있다. 우리가 푯대로 삼아 따라야 할 신앙의 실전적인 원리와 헌신하는 삶의 지극한 정답이 『안봉화평전』이다.

신앙은 세상을 등지고 사는 것이 아니다. 안봉화 장로님은 그 세상 길을 스스로 마련한 아름답고 고운 자태의 옷들로 차려입고 걸었다. 안봉화 장로님은 삶을 알았던 사람이었다. 그는 세상을 부정하지 않았다. 세상 속에 즐거움과 기쁨 그리고 행복을 찾으며 사셨다. 그러나 안봉화 장로님에게는 화려한 옷차림이 전부가 아니었다. 장로님은 그렇게 자신만의 세상을 일구면서 동시에 그 세상을 하나님의 것으로, 예수 그리스도의 것으로, 성령의 것으로 되돌리려 노력하는 삶의 모범을 보여주었다. 그는 평생 자기가 살아내야 할 세상에 올곧이 서서 그 세상을 하나님 나라로 변화하기 위해 수고하고 분투한 영적인 전쟁의 영웅이었다.

금번 『안봉화평전』은 사위 신경식 장로와 막내 딸 나신종 권사의 효성 깊은 마음을 통해 출판되었다. 이 평전을 통해 그리스도인의 세상살이, 그리스도인의 교회살이의 모범이, 기준이 마련되기를 소원한다. 안봉화 장로 서거 1주기를 맞아 귀한 여종이 더욱 보고 싶게 하는 꽃의 계절이 되었다. 이제 『안봉화평전』이 있어 그나마 다행이다. 우리 인생은 잠시 거쳐 가는 세상, probezeit다. 『안봉화평전』이 주는 교훈을 하나하나 가슴에 담고 저 하늘에서 장로님을 다시 만나기를 기대하며 다시 한 번 세상살이, 교회살이에 힘을 내 본다. 지금 손에 쥔 『안봉화평전』으로 힘을 내고 주어진 사명 감당하며 세상을 이기는 모두가 되기를 소망한다.

모두를 품은 성심 誠心

안봉화 평전

모두를 품은 성심 誠心

안봉화 평전

감사의 글 / 정진호 목사 청주서원교회 당회장 / 4

축하의 글 / 황덕형 총장 서울신학대학교 / 9

추천의 글 / 박영환 교수 서울신학대학교 명예교수 / 12

1. 프롤로그: 성심을 다한 사람 / 21

2. 비전의 사람 / 35

3. 시대의 사람 / 67

4. 사명의 사람 / 101

5. 헌신의 사람 / 133

6. 신앙의 사람 / 163

7. 신실한 사람 / 197

8. 기둥 같은 사람 / 229

9. 에필로그: 그리스도의 사람 / 265

*안봉화 약력 / 275

모두를 품은 성심 誠心

안봉화 평전

Prologue

성심을 다한 사람

어머니, 안봉화 장로

우리는 안봉화 장로의 삶은 '성심의 여정'이었다고 말해야 할 것 같다. 이 책은 안봉화 장로의 그 성심, 그 마음의 자취를 따라 추적하고 연결하여 교훈으로 정리하려는 의도를 갖는다.

사랑하고 존경해마지 않는 장모님, 어머니, 고敀 안봉화 장로님을 위해 책을 쓴다고 마음을 먹었을 때, 기대감보다는 걱정이 더 많았다. 저자와 가족을 포함해 누구나 안봉화 장로를 알지만, 누구도 그 진짜 모습을 알지 못한다는 것을 잘 알고 있었기 때문이다. 안봉화 장로는 해방후 한국 사회의 주요한 견인차 가운데 하나였던 '한국부인회'의 지도자였으며, 지역 YMCA의 중진이었다. 우리에게는 잘 알려지지 않았지만, 우리나라 여성 지도자 모임인 전문직여성한국연맹의 주요 인사로 활동하기도 했다. 안봉화 장로가 살고 일하던 대구시와 경상북도, 그리고 청주시와 충청북도에서 그가 수고하고 헌신한 사회적 요직들은 부지기수로 많다.

안봉화 장로는 자기 사업에서도 성공적인 사람이었다. 안봉화 장로는 결혼하던 해, 1951년부터 대구에서 조산원과 의원을 개원해 사업을 벌였다. 이후 안봉화 장로는 대구에서 당시로서는 드물고 희귀한 간호학원을 운영해 성공을 거두었다. 그의 학원은 이후 청주로 자리를 옮겨 거기서 번창했다. 안봉화는 충청북도와 청주에서 간호학원으로 유명한 사람이었다. 그의 학원을 거쳐 간 많은 학생이 도와 시의 병원과 의원, 그리고 보건소 등에서 활약했다. 안봉화는 그들 모두의 선생이었고 지도자였다.

안봉화 장로는 교회에서도 여성 지도자로서 자리매김했다. 안봉화 장로는 교회와 지방회 여전도회 임원과 회장으로 활동했고, 성결교회 전국단위 여전도회연합회의 임원과 회장을 여러 차례

맡아 수고했다. 여전도회와 권사회 등의 일들 외에 기독교대한성
결교회 교단에서 맡아 수고한 일들 역시 무수히 많다. 안봉화 장
로는 해외선교 활동과 서울신학대학교 대강당 건축, 그리고 문준
경전도사순교기념관과 같은 교단 내 각종 굵직한 일들에 참여하
고, 주도했으며, 그 모든 것을 물심양면으로 지원했다. 1960년대
이후 성결교회 역사에는 안봉화라는 이름이 또렷이 새겨져 있다.
그 발자국을 찾아내고 발굴해 이야기하는 일은 나름대로 가치 있는 일이기도 하다. 안봉화 장로를 통해 한국성결교회 역사의 면면을 짚어보는 일도 흥미롭고 기대되는 작업일 것이다.

그런데 안봉화의 진면목眞面目은 그런 지리와 지위, 명예들에 있지 않았다. 안봉화 장로가 살아온 삶을 되짚어보는 가운데, 안봉화 장로가 함께 한 사람들을 만나보고, 그리고 가족들과 더불어 그 모든 삶의 이야기들을 반추해 보건대 안봉화 장로의 참모습은 그가 얻고 누린 모든 관직과 모든 직위에서 찾을 수 없다. 안봉화 장로의 진심은 그가 맡은 자리와 자리 사이, 거기 사람들과의 관계와 그 이루어진 일들의 실제 속에 '감춘 보화'처럼 숨겨져 있다. 그의 진가는 그가 높은 곳에서 사람들 사이에서 집중조명을 받을 때보다, 그 조명이 꺼지고 무대에서 내려선 그 이면, 그가 실제로 벌인 일들, 지켜온 관계들, 그의 혼자만의 시간에서 찾아볼 수 있다. 그러니 안봉화의 화려한 모습만을 보아온 사람들은 그의 참된 모습을 다 보았다고 할 수 없을 것이다. 안봉화 장로를 안다는 것과 안봉화 장로의 삶의 실제 사이에는 현격한 간극間隙이 존재한다.

간극의 현존은 저자를 포함한 우리 가족들에게도 마찬가지다. 우리 역시 어머니와 할머니의 드러난 모습만을 보았던 것 같다. 우리는 어머니로서, 할머니로서, 우리를 위해 수고하고 헌신하며 최선을 다한 그 모습만으로 우리의 어머니, 우리의 할머니, 안봉화 장로를 기억한다. 늘 한결같았던 모습, 언제나 변함없이 집안에서 자기 위치를 지키고 역할을 다하던 모습이 우리가 아는 안봉화 장로이다. 그러나 가족으로서 우리가 보아온 안봉화 장로역시 그분의 전부라고 할 수 없다. 안봉화 장로에게는 그만의 참된 모습이 있었다. 안타깝게도 자식 된 도리로 그 깊음과 풍성함을 다 헤아리지는 못한 것 같다. 결과적으로 말하자면 그분의 모든 것을 따르지는 못한 것 같다. 안봉화 장로가 한평생 품었던 마음, 그가 지켜온 정신, 그가 살아온 삶의 실체를 제대로 알았다면, 안봉화 장로에 대한 가족들의 사랑과 애정은 더욱 깊고 풍성했을 것이며, 그 뜻을 이어 그의 자손으로 살아가고자 하는 의지도 지금보다 훨씬 더 강력했을 것이다.

"언제나 한결같았던 분..."
"사랑이 풍성한 어머니와 같은 분..."
"큰 바위 얼굴과 같은 분..."
"언제든 어디서든 도움이 필요한 곳에 성실했던 분..."

사람들은 늘 같았다. 사람들은 안봉화 장로에 대한 기억을 그의 신실함과 성실함, 꾸준함 등의 몇 가지 표제적 단어로 몰았다. 그러나 그것으로는 부족했다. 안봉화 장로의 삶을 이 몇 가지 인간적인 단어로 마무리하는 것은 아쉬움이 있었다. 그렇게 해서는 무언가 그 심중에 있는 깊은 의미와 교훈을 다 끄집어낼 수 없을 것 같았다. 이 몇 가지 표제적 단어들로 안봉화 장로의 삶을 예찬하듯 형용하는 것은 충분히 가능할 것이었다. 그러나 이것들로는 그의 심중 깊은 이야기들이 다 들어맞지 않았다. 앞서 이야기한 간극은 여전해 보인다. 안봉화 장로의 삶은 보다 깊은 탐구가 필요했다.

안봉화 장로의 진정성은 그의 '성심'誠心, sincerity에서 찾아볼 수 있다. 안봉화 장로는 "마음을 다하고 뜻을 다하고 힘을 다하여 네 하나님 여호와를 사랑하라"라는 신명기와 예수님의 말씀처럼,신 6:5, 마 22:37 자기에게 주어진 길을 온 힘을 다해 걷고 또 걸어 그 길의 참뜻과 은혜를 온전히 누린 사람이었다. 그는 하나님의 은혜 아래 머물고자 하는 마음과 예수 그리스도를 향한 흔들림 없는 믿음, 그리고 성령에 기대어 살아야 한다는 의지를 그의 성심에서 온전히 풀어냈다. 그리고 자기에게 주어진 시대의 과제와 공동체의 과제 등 모두를 삼위 하나님을 향한 거룩한 열심 즉, 하나님을 향한 성심으로 풀어냈다.

'성심'이란 자신이 알고 확신하는 것에 대한 굳건함, 온전함 그리고 순전함과 성실함을 의미한다. 우리 신앙의 위대한 교사인 아우구스티누스Augustinus of Hippo는 "성심이란 하나님 앞에 그리고 자기 자신에게 진실된 것"을 의미한다고 가르친다. 우리 시대 위대한 부흥 설교가인 빌리 그래함Billy Graham도 성심에 대해 이렇게 말했다. "그것은 인내와 헌신 그리고 희생이 따라야 한다. 그러나 그 길은 우리에게 궁극적으로 진정한 기쁨과 성취감을 안겨준다." 굳이 말하자면 안봉화 장로는 신앙의 선진이 말하는 성심을 다하는 삶, 그들이 그 모든 인생의 위태로움 가운데 걸었던 성심의 삶을 따라 걸었다. 성경은 그가 따르고 지킨 성심의 그 의미를 이렇게 표현한다.

> 오히려 모든 참된 신실성을 나타내게 하라
> 이는 범사에 우리 구주 하나님의 교훈을
> 빛나게 하려 함이라
>
> 디도서 2장 10절

안봉화 장로는 지극히 성경적이고 기독교적인 성심의 가치를 평생 품고 살았다. 그렇게 그만의 독특한 헌신으로 교회의 틈을 메우고, 하나님 나라 사역의 빈틈을 채우고, 그리고 목회자들과 그들의 사역 사이 벌어진 틈을 메워왔다. 안봉화 장로의 성심은 그가 일하는 일터의 여러 빈자리를 메꾸고, 그의 시대와 가족들의 여지를 채웠다. 안봉화 장로의 성심은 교회와 교단의 하나님 나라를 위한 일들이 하나님께서 품으신 그 뜻대로 실현되고 성취되는 과정에서 거의 모든 빈틈을 막는 일에도 온전히 사용되었다. 그뿐이 아니다. 안봉화 장로의 성심은 동행하는 사람들이 좌절하고 포기하며 절망하고 있을 때 빛을 발했다. 그의 성심은 모두가 더 이상 무엇도 할 수 없으리라 여기는 상황에 길을 찾고 방법을 모색했다. 뜻하던 결실을 성취하도록 밀고 이끄는 일은 언제나 안봉화 장로의 몫이었다. 그렇게 그의 인생 주변 하나님 나라의 일들은 결실했고, 완수되었다.

그래서, 우리는 안봉화 장로의 삶은 '성심의 여정'이었다고 말해야 할 것 같다. 이 책은 안봉화 장로의 그 성심, 그 마음의 자취를 따라 추적하고 연결하여 교훈으로 정리하려는 의도를 갖는다. 이 책을 읽고 안봉화의 삶의 의미를 이해하려는 독자는 그래서 이 책이 정리해 나가는 안봉화의 인생을 잘 따라와야 한다.

먼저 이 책은 안봉화 장로의 공적인 삶들에 대해 살필 것이다. 안봉화 장로는 세상과 교회 여러 곳에서 흔적을 남겼다. 그는 그가 스스로 일군 여러 사업들을 통해 사회적인 입지를 다졌고 많은 명예를 얻었다. 그러나 안봉화 장로가 정말 수고하고 헌신하여 남긴 흔적은 그가 평생 섬긴 대구 봉산교회와 청주 서원교회 및 교회들과 기독교대한성결교회 교단과 서울신학대학교를 위한 헌신들에서 볼 수 있다. 그런데 그 모든 일들은 안봉화 개인의 명예를 위한 것이 아니었다. 그 모든 일들은 안봉화 장로가 일평생 믿고 확신하는 것, 하나님 나라와 예수 그리스도에 대한 깊은 신심, 그리고 교회를 향한 열정과 충성의 마음에서 흘러넘친 결실들이었다.

이어서 책은 안봉화 장로가 평생 품고 살았던 신앙의 정체를 살피고, 그리고 그가 하나님 안에서 품은 성심으로 맺은 모든 관계들의 정체를 밝혀 그 의미를 나눈다. 안봉화 장로는 확실히 하나님을 향한 믿음을 세상과 교회 가운데 그가 맺은 모든 관계의 신실함으로 풀어나갔다. 그리고 그 모든 신실함의 결실을 하나님을 향한 믿음의 결실로 되돌렸다. 그는 그렇게 하나님께 영광을 돌리고 나면 그것으로 자신이 얻을 보상은 충분하다고 여겼다. 이 성심의 마음에서 우리는 안봉화 장로의 실체를 파악하고 이해하려 한다.

그리고나서 이 책은 안봉화가 보인 성심의 정체를 밝힌다. 중요한 것은 안봉화 장로가 평생에 자기를 앞세우지도 않으면서 주어진 자리를 지키고 신실하게 자기 역할을 감당했던 부분이다. 안봉화 장로가 품고 살았던 성심의 참된 진가는 바로 이 부분이다. 그는 자신에게 주어진 사명에도 충실했지만, 타인의 사명을 돕는 일에도 훌륭했다. 심지어 안봉화 장로는 누군가 채 다 부리지 못한 열정을 대신 감당하기도 했다. 안봉화 장로의 이 모습이야말로 이 책이 말하고자 하는 '안봉화의 성심' 그것의 참된 진면모이다. 이 책을 읽는 독자도 저자와 한마음으로 안봉화의 이 본심을 이해했으면 좋겠다.

안봉화 장로와 같은 인물을 회고하는 일에서 우리는 기독교 역사가 기억하는 사람들의 각별한 특징을 유념해야 한다. 기독교 역사는 겉모습보다는 속마음의 일치를 이루는 사람, 지식보다는 삶의 일치를 이루는 사람, 공로보다는 은혜를 중요하게 여기는 사람들을 기억한다. 기독교 신앙과 역사는 다른 무엇보다 하나님을 향해 한 단계 더 나아가도록 성심을 다한 사람들을 기록하고 기억한다. 17세기 훌륭했던 수도사 로렌스Brother Lawrence는 기도하는 사람으로서 사람들 사이에 널리 알려지기보다는 조용한 수도원 안에서 기도로 외적인 멋을 앞세우는 사람들의 마음의 빈틈을 위해 기도했다. 안봉화 장로는 한편으로 루터와 같은 강렬한 지도력으로 세상을 이끌기도 했지만, 다른 한편으로 로렌스와 같은 조용함으로 자기를 다스리며 하나님과의 관계 가운데로 나아갈 줄 아는 사람이었다. 안봉화는 정중동靜中動과 동중정動中靜의 양단이 잘 겸비된 사람이었다.

돌아가신 지 1년을 기념해 하나님의 성심을 품은 안봉화 장로의 이야기를 책으로 내게 된 것이 무엇보다 은혜롭다. 이 책은 그저 나오지 않았다. 무수히 많은 분이 증언에 동참해 주셨다. 안봉화 장로와 함께했던 일, 안봉화 장로와 겪은 일, 안봉화 장로에 대한 소회와 느낌 등…. 정말 많은 분이 고故 안봉화 장로에 대한 추억을 글과 말로 남겨 주셨다. 참으로 감사하다. 그 가운데 박영환 교수님에게 특별히 감사해야 할 것 같다. 교수님은 안봉화 장로의 이야기가 새로이 책으로 다듬어져 세상에 나와야 한다고 우리 가족을 설득했다. 교수님 덕분에 우리는 안봉화 장로에 대한 자료를 다시 모으기 시작했고, 이야기를 정리해 책으로 엮게 되었다. 황덕형 총장님을 비롯한 서울신학대학교 여러분의 배려도 큰 몫을 했다. 학교 측은 안봉화 장로가 학교를 위해 평생 헌신한 부분을 높이 사주었다. 그리고 안봉화 장로 1주기 추모예배를 서울신학대학교에서 드릴 수 있도록 자리를 베풀어 주셨다. 이 책은 학교의 배려와 관심 속에 안봉화 장로 추모 1주기를 맞아 세상에 나오게 된 것이다. 이 외에도 이 책은 서원교회 정진호 목사님과 여러 장로님 그리고 성도들의 지극한 관심과 기도 가운데 만들어졌다. 청주 서원교회는 안봉화 장로가 평생에 마음과 영혼의 고향으로 여기고 몸담아 신앙생활을 해온 교회이다. 안봉화 장로는 은퇴하신 손덕용 목사님의 사랑과 인도 가운데 그리고 지금은 세현교회로 자리를 옮기신 송성웅 목사님의 신앙 지도 가운데 하나님의 사람으로 온전히 그 모든 일을 감당할 수 있었다. 참으로 감사하다.

사랑하는 아버지, 오빠 그리고 어머니마저 하늘나라로 먼저 보낸 아내 나신종 권사의 어머니에 대한 깊은 마음 씀씀이가 이 책이 세상에 나오게 된 일등 공신이다. 저자는 그런 나신종 권사의 마음을 쫓느라 바쁘게 시간만 보내다 끝 마물에 부족한 글모음을 책으로 발간하게 되었다. 무엇보다 이 책은 우리 사랑하는 가족들의 간절한 소망을 담아낸 것이기도 하다. 어머니와 할머니의 평생을 책으로 담아내야 한다는 한 가지 소망이 지난 한 해 어머니 계시지 않은 우리 삶을 지키고 인도해주었다. 이제 그 한 해를

다 보내고 어머니와 할머니의 마음 중심을 담은 책을 세상에 내놓게 되어 무척 행복하다. 하나님께 감사드린다.

갑자기 어머니 안봉화 장로의 어느 한 날 추억이 떠오른다. 신미술관 건축이 한창이던 어느 날 나는 퇴근하는 길에 어머니 안봉화 장로가 작은 비닐봉지를 들고서 공사장 여기저기를 다니며 무언가를 줍는 것을 보았다. "어머니, 뭐하세요?"라고 물으니 어머니는 슬쩍 웃으며 비닐봉지를 뒤로 감추셨다. 나중에 들으니 어머니는 그날 인부들이 작업하다 바닥에 떨어뜨린 못을 주워 담고 계셨다. 다음 날 아침 어머니는 인부들에게 자신이 주운 못을 건네며 '아껴 쓰시라'라고 당부했다고 한다. 우리 어머니, 안봉화 장로는 그런 분이셨다. 오늘 이 책 글쓰기를 마무리하면서 문득 어머니, 안봉화 장로가 보고 싶다.

모두를 품은 성심 誠心

안봉화 평전

安奉花
1926~2022

비전의 사람

안봉화의 젊은 시절

안봉화는 하나님께서 보내주신 미래의 사람이다. 안봉화는 그와 그가 속한 공동체의 미래를 건강한 신앙의 비전으로 바라보고 그것의 현실화를 위해 부단히 노력한 사람이다.

서울신학대학교가 아직 부천 캠퍼스로 이전하기 전 지금 아현동 고개에 자리하고 있던 시절, 학장이었던 조종남 박사는 대구에서 올라왔다는 한 여집사의 방문을 받는다. 집사는 연구실 문을 열고 들어서자마자 간단히 인사만 건넨 후 이렇게 말했다. "학장님, 제가 매년 한 학생의 학비를 지원하려고 해요. 어떻게 하면 되죠?"

　갑작스러운 방문과 제안에 조종남 박사는 한참을 아무 말도 하지 못했다. 조종남 박사는 장학금 지원부터 먼저 이야기하는 생면부지 집사를 일단 자리에 앉혔다. 그리고 잠시 숨을 돌리게 했다. 자초지종을 물었다. 집사는 대구에서 올라왔다고 했다. 대구의 봉산교회에서 집사로 헌신하고 있다고 했다. 그 집사는 어느 날 교회에서 담임목사와 지방회 여러 목사의 걱정스러운 기도 소리를 듣게 되었다고 했다. 교단의 교세가 확장일로인 가운데 교단의 목회자를 양성하는 서울신학대학이 어렵다는 이야기였다. 목회자들과 장로들의 이야기는 집사의 마음을 움직였다. 목사님들을 양성하는 학교가 힘들다고 하니, 그러면 안 되리라 생각이 들었다.

　당시 서울신학대학은 부천의 새 캠퍼스로 이전하는 문제를 두고 고민이 많았다. 학교를 이전하는 것은 쉬운 일이 아니었다. 새로운 캠퍼스 부지가 마련되면 당장 기본 건축 인프라를 구축해야 하고 학교에 필요한 건물들을 지어야 한다. 그런데 당시 서울신학대학으로서는 이 모든 것이 쉬운 일이 아니었다. 기독교대한성결교회 지도자들과 학교의 운영진 그리고 교수들은 캠퍼스 이전이 학교가 발전하고 성장할 좋은 기회가 되리라는 것을 확신했다. 그리고 학교 발전을 위한 캠퍼스 이전에 총력을 기울이고 있었다. 그러나 발전과 성장을 위한 고군분투가 늘 그렇듯 서울신학대학교와 기독교대한성결교회도 재원이 부족했다.

교회의 사람들이 부족한 재원을 위해서 할 수 있는 첫째는 과연 기도였다. 서울신학대학과 교단 지도자들은 하나님께서 열어주신 교단과 교회 부흥 성장의 이 기회를 위해 간절히 기도했다. 중보기도는 교단의 주요 교회들을 넘어서 전국의 성결교회들로 퍼져나갔다. 그리고 그 불씨는 대구에도 떨어졌다. 봉산교회 홍순우 목사를 비롯한 대구 일대 주요 교회의 목회자들은 서울신학대학의 이전 문제, 부흥과 성장의 문제를 두고 기도했다. 그리고 그 기도의 소리는 몇몇 평신도의 귀에 들어갔다. 지금 조종남 박사 앞에 앉아있는 여집사의 귀에도 들어갔다. 성령께서 그의 귀를 열어 주시고 그가 들어야 할 '복된 소식'을 전해주신 것이다.

여집사는 자신이 헌신하고 충성하는 교회를 위해 목회자를 양성하는 교육기관의 난관을 외면할 수 없었다. 목회자들의 간절한 기도 소리는 과연 대구 땅 한 교회를 위해 헌신하던 한 명의 평신도 여집사의 마음을 움직였다. 집사는 그 마음의 움직임이 성령에 의한 것임을 확신했다. 그리고 곧 서울로 올라가 아현동에 있다는 서울신학대학을 방문했다. 서울신학대학을 돕겠다는 한 가지 생각만으로 그곳을 방문한 것이다. 조종남 박사는 그때 자신의 연구실로 왔던 여집사의 모습을 이렇게 기억한다.

서울신학대학은 1970년대에 들어서면서 발전과 성장의 갈림길에 서 있었습니다. 그때 교단과 학교 내외의 여러 지도자가 학교 발전을 위해 고민하고 고심했지요. 나는 그때 안 장로님의 갑작스러운 방문을 평생 잊지 못합니다. 그분은 그렇게 나를 찾았고 평생에 서울신학대학교 발전을 위해 함께 하는 동지가 되었습니다. 그분은 나에게 누나와도 같은 분이었고 서울신학대학교에게는 어머니 같은 분이셨습니다. 서울신학대학교는 그분의 헌신과 노력으로 그만큼 성장했다고 해도 과언이 아닙니다.

조종남 박사의 연구실을 불쑥 찾은 여집사의 이름은 안봉화. 대구 봉산교회의 집사였고 수성동에서 간호학원을 운영하는 사람이었다. 안봉화 집사는 당시 국가 정책에 따라 운영하던 조산원과 의원을 접고, 간호학원 하나를 개원했다. 당시 나라에서는 새롭게 의료 체계를 세워가고 있었는데 병·의원은 의사 면허를 가진 사람들만 개업할 수 있도록 하는 조치가 있었다. 당시 안봉화는 간호사 출신이지만, 오랫동안 병원에서 근무했던 경험으로

'조산원'과 '의원'을 운영해왔다. 오늘날에야 간호사 출신이 의원을 운영하는 일이 이상하게 들릴 수 있겠지만 당시에는 그랬다. 안봉화는 여성들을 위한 의료 혜택이 절실했으나 도움이 되는 기관이나 시설은 드물었던 시절, 조산원과 의원을 운영하던 대구의 여성 의료인이었다. 그런데 이제 해방과 전쟁을 치르고 국가 의료 체계를 제대로 하고자 하는 바람이 불면서 안봉화는 그동안 걸어온 의료 사업은 접는 편이 낫겠다고 생각했다. 여성들과 부인들에게 적절한 의료 혜택을 주려 했던 순전한 마음의 안봉화로서는 안타까운 일이었다.

그때 우리나라의 인구는 그야말로 폭발적으로 늘고 있었다. 소위 말하는 전후戰後 '베이비붐'이었다. 당연히 전문적인 훈련을 받은 의료인들을 양성하는 일은 국가의 큰 과제가 되었다. 의료인들을 양성하는 과제는 당면한 과제이기도 했다. 박정희 정권 때 많은 간호사들이 독일로 파견되어 가면서 국내 간호 인력이 절대적으로 부족했다. 안봉화는 그런 현실에 눈을 떴다. 병원의 여러 가지 일들을 돕는 간호사의 역할이 중요하다고 여기는 시대가 오리라 생각한 것이다. 결국 안봉화는 새롭게 미래지향적인 사업을 벌여보기로 했다. 간호사를 양성하는 학원을 차리는 일이었다. 만주에서 간호학을 공부한 이래 줄곧 일해온 의료계를 향한 헌신의 마음은 그에게 전혀 새로운 분야인 교육사업에 뛰어들 용기를 갖게 했다. 대구의 간호학원은 그렇게 시작된 것이다.

대구의 학원 설립에서도 볼 수 있듯 안봉화는 확실히 마음의 눈이 큰 사람이었다. 그는 자신이 할 수 있는 일과 해야 할 일을 바라보고 그것을 잘 다듬어내는 안목이 대단한 사람이었다. 그런데 한창 대구에 학원을 차리고 열심히 학원 발전을 위해 매진하던 그때, 안봉화의 눈이 한 번 더 뜨이는 일이 있었다. 안봉화가 살던 경상북도 위 충청북도에서 간호조무사 인력 충원을 요청한 것이다. 당시에는 간호 인력 양성을 위한 교육기관이 흔치 않았다. 서울에 하나, 광주에 하나 그리고 대구에 하나 정도가 그나마 학원이라는 이름으로 운영되던 시절이었다. 안봉화는 당장 충청북도로 건너갔다. 그리고 청주에서 새 학원을 열 기회를 모색했다.

　병원 운영을 위한 간호인력이 절대로 부족하던 시절에 대구에 이어 청주에 간호학원을 열겠다는 마음을 품는 것은 그야말로 대단한 일이었다. 아직 사회의 각 분야가 전문화되기 전의 일이었다. 모든 사람이 몇 종류 되지 않는 안정적인 직업을 희망하고 그 자리를 차지하기 위해 고군분투하던 시절이었다. 그런 한정된 미래를 얻지 못하는 사람들은 그저 그런 힘든 삶을 살게 되는 시절이었다. 그때 안봉화는 젊은 여성들이 전문적인 훈련을 받고 전문적인 직업인으로서 안정된 삶을 살 수 있는 길이 간호학원을 통해 열릴 수 있다는 것을 알았다. 여성들의 안정적인 삶을 누구보다 바랐던 안봉화는 그렇게 청주에 또 하나 간호학원을 차리게 된다. 안봉화는 진정 순전한 마음으로 세상을 볼 줄 아는 사람이

안봉화가 평생 후원한 서울신학대학교 전경

었다.

　조종남 박사가 안봉화를 만난 것은 이렇게 안봉화의 눈과 마음이 한없이 커지던 시절이었다. 대구에 간호학원을 설립하고 그 발전을 위해 매진하던 안봉화는 교회의 목사님과 장로님들이 진지하게 기도하며 논의하던 문제, 서울신학대학의 발전과 부흥에 관심을 품게 되었다. 그렇게 하나님께서는 그의 마음의 눈을 세속의 전문인을 양성하는 일로부터 하나님의 일꾼을 양성하는 문제에 관한 관심 영역을 확장하셨다.

　첫 만남에서 강한 인상을 얻은 조종남 박사는 안봉화의 남다른 안목과 열정에 깊은 관심을 가졌다. 특히 안봉화의 '첫 제안'에 귀가 솔깃했다. 학생들에 대한 장학금 지원이었다. 그때 교단의 다른 지도자들은 오직 서울신학대학의 이전 문제에만 관심을 기울이고 있었다. 교단 전체가 교단신학교의 새로운 부지 마련과 공간 마련을 위해 매진하고 있었다. 학교로 들어오는 모든 후원과 지원 명목에는 오직 한 가지 제목만 달렸다. '학교 이전 및 새 교사 건축'을 위한 헌금이었다.

그런데 안봉화는 달랐다. 그가 조종남 박사의 연구실에 들어서면서 처음 언급한 것은 학교 이전이나 건물 건축에 관한 문제가 아니라 학생들을 훌륭한 목회자로 양성하기 위한 장학 지원이었다. 학생들에게 장학금을 지원하는 문제는 누구나 관심을 두고 있었지만, 지금은 아니었다. 장학 지원 문제는 대체로 밀려 떠도는 사안이었다. 하지만 학교 운영진 처지에서는 학교의 물리적 성장도 중요하지만, 학생들의 성장도 중요한 문제였다. 학교의 운영진과 교수들은 학생들 장학금 마련이 언제나 중요한 문제였다. 당장 시급한 사안으로 학교 이전과 새로운 학교 건물 건축 문제가 앞설 수는 있을지언정 장학금 문제가 한쪽으로 밀려난 적은 없었다. 학교 밖에서 학교를 돕는 분들이야 그럴 수 있겠지만 학교 자신이, 학교를 운영하는 사람들과 학생들을 가르치는 사람들이 그럴 수는 없는 일이었다. 그런데 안봉화는 모든 사람이 관심을 집중하는 사안이 아닌 학교 사람들이 관심을 가지는 사안, 그러나 중요한 사안에 밀려 방치된 사안에 관심을 보였다. 그래서 조종남 박사는 안봉화의 남다른 제안이 흥미로웠다. 그래서 안봉화를 자리에 앉히고서 이후에도 지속될 신실한 대화를 시작했다.

안봉화의 넓고 지혜로운 마음은 곧 서울신학대학 운영진의 마음도 움직였다. 서울신학대학이 학교의 부흥과 성장을 위해 품은 비전은 돌고 돌아 안봉화에게 전해졌고 결실한 뒤, 다시 서울신학대학 운영진의 마음을 움직이는 힘으로 돌아온 것이다. 안봉화는 이후 꾸준히 서울신학대학에 장학금을 지원해 왔다. 안봉화의 장학금은 독특했다. '한 해에 한 사람 학업을 위한 등록금 전액'을 지원하는 방식이었다. 당시 학장이었던 조종남 박사와 학교 운영진은 안봉화의 제안과 헌신을 특별하게 받아들였다. 그리고 한

안봉화가 말년에 건축을 위해 적극 후원한
서울신학대학교 성결인의 집

해 한 번, 한 학생에게 안봉화의 장학금을 전달하는 방식을 유지
했다. 그렇게 서울신학대학의 학생들은 안봉화의 장학금으로 온
전히 기도와 공부에 매달릴 수 있었다.

이후 안봉화의 서울신학대학 사랑은 꾸준히 이어졌고 확장되
었다. 그는 권사가 되어 교회와 지방회 그리고 교단의 주요 사업
들에 깊이 관여하기 시작한 이후에도 서울신학대학에 대한 애정
과 관심을 내려놓지 않았다. 안봉화는 줄곧 이렇게 말했다. "서울
신학대학은 우리 성결교회의 허리입니다. 이곳이 바르게 서지 않
으면 성결교회와 교단이 바르게 서지 않습니다. 나는 그래서 우
리 교회와 교단의 허리에 지극한 애정을 갖습니다." 안봉화의 번
뜩이는 안목은 이후 서울신학대학교의 후원회 회원, 그리고 임원
활동으로 더욱 빛을 발하게 된다.

부천으로 이전한 서울신학대학은 명실상부 교단의 핵심 교역
자 양성기관으로서 면모를 제대로 갖추기 시작했다. 학교는 날로
발전해서 종교음악과, 기독교교육과 그리고 사회사업학과 등이
새로 만들어졌다. 학생들 숫자도 날로 늘어났다. 건물도 새로 들
어서 처음 이전했을 때는 본관 건물만 있던 것이 얼마 지나지 않
아 강당과 기숙사 그리고 도서관도 들어서게 되었다. 이후 서울
신학대학의 비약적인 발전을 여기서 다 기술할 수는 없지만, 20
세기 후반 들어 학교는 교단의 부흥과 발전에 어울리는 학교로서
기능을 다 해왔다.

그런데 부천으로 이전한 서울신학대학에는 한 가지 과제가 있었다. 그것은 서울신학대학이 단순한 교단신학교의 기능에 머물 것인가 아니면 교단을 넘어서 사회에 공헌하고 발전하는 우리나라에 어울리는 교육기관으로 성장할 것인가 하는 것이었다. 교단 내에는 엇갈리는 생각들이 있었다. 서울신학대학이 교단의 교역자 양성기관으로서 역할에만 충실하기를 바라는 목소리와 서울신학대학이 명실상부 종합대학으로 발전해야 한다는 목소리였다. 이 책에서 그 논쟁은 중요하지 않다. 어쨌든 학교는 자연스럽게 지역사회를 대표하는 교육기관으로 발돋움했다. 그리고 우리나라의 주요 4년제 종합대학교로 발전했다. 그사이 학생수는 더욱 늘어 많은 건물이 들어섰고 교육과정도 폭넓어졌으며 프로그램도 다양해졌다. 이런 흐름이 서울신학대학, 아니 서울신학대학교 흐름의 대세였다.

학교가 발전하는 사이 안봉화는 학교가 어느 방향으로 나아가야 하는지에 대해 자기 생각을 앞세우지 않았다. 교단 내외의 중책을 맡게 된 이후에도 줄곧 그랬다. 학교가 미래를 향해 나아갈 지향점에 관한 논쟁은 그가 애써 나서지 않아도 앞장설 사람이 많았다. 그가 관심을 가졌던 것은 오히려 교단과 교회의 허리로서 서울신학대학교의 발전을 위한 꾸준하고 신실한 지원이었다. 발전과 부흥을 위해 나아가는 모든 길에 대한 논의와 논쟁도 중요하지만, 무엇보다 중요한 것은 그 모든 길을 위해 필요한 자원의 안정적인 공급이라고 본 것이다.

그래서, 안봉화는 처음 서울신학대학교의 후원회 회원 자리를 맡게 되고, 이후 임원 자리를 맡게 된 이래로 꾸준히 그 자리를 지켜왔다. 그것은 명예를 지향하는 마음이 아니었다. 그것은 교단의 허리인 서울신학대학교를 향한 애정의 마음이었고, 서울신학대학교를 졸업해 교회와 교단과 나아가 한국 사회로 나설 '성결인'들에 대한 어머니의 마음이었다. 그의 서울신학대학교를 향한 어머니 마음은 장학 후원에 대해 변치 않은 마음에서 잘 드러난다. 서울신학대학교는 안봉화의 그런 열정을 잘 알았다. 그래서 서울신학대학교의 무궁한 발전을 위한 후원의 여러 가지 일들을 그에게 부탁했다. 안봉화는 학교의 부탁을 단 한 차례도 외면하지 않고 성실하게 임했다.

안봉화의 신실한 헌신은 꾸준한 장학금 후원 외에도 서울신학대학교를 위한 다양한 후원 활동에 고스란히 남아 있다. 1970년부터 맡아온 학교 후원의 일들은 다양한 차원에서 이루어졌다. 안봉화는 그 모든 일 어느 하나 허투루 다루지 않았다. 특히 서울신학대학교의 새로운 대강당 '성결인의 집'을 건축할 때는 두말하지 않고 1억 원이 넘는 헌금을 바치고서, 스스로 나서 교단 내외 여러 사람에게 '성결인의 집' 건축의 필요성을 알렸다. 당시 서울신학대학교의 총장이었던 한영태 박사는 그때를 이렇게 회고한다.

어느 달의 말일이 되었는데 공사비(성결인의 집)가 많이 모자랐다. 그달은 모금이 원활하지 못했기 때문이다. 모두가 걱정하고 있었는데 회계부에서 기쁜 소식이 전해졌다. 공사비가 충당되었다는 소식이다. 이게 웬일인가. 아무도 돈 보낸다는 약속이 없었는데…. 답은 곧 밝혀졌다. 안봉화 권사님이셨다. 어떻게 아셨는지 당신이 약속하신 금액을 입금하신 것이었다. 우리는 모두 하나님께 감사드렸고, 권사님께도 감사를 드리면서 어떻게 그렇게 적시에 헌금하셨느냐고 물었더니 그저 웃기만 하셨다. 하나님께서 권사님의 마음을 움직이신 것이라고 믿는다. 하나님은 그렇게 권사님을 쓰셨고, 권사님은 그렇게 순종하신 것이었다. 이런 일들이 여러 번 있고 나서 마침내 성결인의 집은 무사히 완공되었고 하나님께 봉헌되었다. 준공 예배를 드리던 날 권사님의 기뻐하시던 모습은 지금도 잊을 수가 없다. 마치 내 집, 내 교회가 완공되어 입주하는 기쁨과 감격을 토로하셨다.

한 가지 더 이야기하자면, 서울신학대학교가 백 년이 되던 해 지어진 백주년기념관에 대한 안봉화의 지대한 관심과 헌신도 꽤 훌륭했다. 많은 사람이 백주년기념관 건립의 꿈을 제안하고 비전과 계획을 이야기했지만 정작 그 필요를 채우는 일에는 제대로 나서지 못했다. 이미 팔순을 훌쩍 넘긴 안봉화는 그때도 그 만의 신실한 비전을 후원회를 통해 나누었다.

안봉화는 서울신학대학교의 성장과 발전의 역사에서 빼놓을 수 없는 사람이다. 그는 학교의 후원회 자리에서 단 한 번 물러섬 없이 그 직이 주는 버거운 역할을 성실하게 감당했다. 그는 학교의 건물이 새로 지어질 때마다, 학교의 여러 사업에 대한 지원과 후원이 필요할 때마다 후원회의 일원으로 그 모든 일에 함께했다. 그 모든 세월 그는 여러 학장과 총장들 그리고 이사장들과 호흡을 같이 했다. 그러나 그의 자리는 언제나 후원회 회원과 임원의 자리였다. 그는 학교를 이끄는 사람들보다 앞서지 않았다. 그렇다고 뒤로 물러서 관망자가 되지도 않았다. 그는 언제나 한결같이 후원자의 자리를 지켰다.

안봉화에게 서울신학대학교와 그 학생들은 자식과 같은 존재이다. 안봉화는 그들에게 친히 어머니로 섰다. 그래서 안봉화는 자식이 앞으로 나아가는 문제에 대해서는 하나님께 기도로 의뢰했다. 그리고 자신은 자식이 먹고 입고 살아가는 문제에 관심을 기울였다. 자식이 제대로 먹고 입고 자야 잘 성장한다는 것을 잘 아는 어머니의 마음을 서울신학대학교 학생들에게 그대로 투영한 것이다. 안봉화는 하나님께서 서울신학대학교를 향해 주신 열린 눈과 자비로운 마음을 평생 간직하고 살았고, 그의 평생에 자신이 가진 모든 것으로 서울신학대학교를 위해 헌신하고 지원했다. 그의 그런 모습을 잘 아는 서울신학대학교 후원회장 이재완 목사는 안봉화의 서울신학대학교를 향한 헌신의 끝자락을 이렇게 갈무리한다.

안 장로님은 서울신학대학에 대한 사랑이 한결같은 분이셨습니다. 장로님은 성결교회가 바르게 서려면 서울신학대학이 바르게 서야 한다고 믿었던 분입니다. 그리고 그것을 몸소 실천하셨던 분이세요. 안 장로님은 저와 함께 오랫동안 서울신학대학의 후원회 이사로 섬겼는데 그 모습이 처음이나 마지막이나 한결같으셨지요. 학교를 살리고 학교를 돕는 일이라면 어디서든, 언제든 달려와 힘을 보태신 분이 바로 안봉화 장로님이세요. 이제 안봉화 장로님을 떠나보낸 마당에 서울신학대학에 그런 열정적인 후원자가 없다는 것이 안타깝기 그지없습니다.

안봉화의 열린 안목은 다른 의외의 곳에서도 발견된다. 특히 안봉화는 교회 안에서 여성의 지위와 역할이 확대되고 강화되는 일에 관심을 기울였다. 안봉화의 서울신학대학교에 대한 신실한 마음은 더욱 넓어져 그의 평생 사역의 동역자들인 성결교회 여교역자들의 지위를 높이고 안정적으로 하는 일로 확장되었다. 하나님께서 그에게 또 하나의 열린 마음을 주신 것이다. 안봉화는 평생에 걸쳐 여성의 사회적 지위를 높이는 일에 최선을 다해왔다. 특별히 교회 안에서 여성 목회자들의 지위와 역할이 확대되는 일을 위해 큰 노력을 기울여 왔다. 바로 여성 목사 안수제도에 관한 것이었다. 안봉화는 자신이 교역자가 아니면서도 이 일에 깊은 관심을 가지고 헌신했다. 여성 목사 안수제도를 자신의 평생 숙원사업으로 삼았다.

안타깝지만 그가 평생에 꿈꾸던 그 일은 안봉화가 현역에서 은퇴하고 한참이나 지난 후에 일어났다. 2004년 5월에 열린 제98년 차 기독교대한성결교회 총회는 참으로 의미 있는 진일보를 이루어냈다. 여성 목사와 장로 안수가 교단의 큰 회의인 총회를 통과한 것이다. 참으로 감격스러운 순간이었다. 안봉화는 그날 은퇴한 명예권사로서 교단 총회에 함께했다. 그는 그 자리에서 간절히 기도했다. 그리고 마침내 교단의 지도자들이 여성 목사 안수와 장로 장립을 의결했을 때 안봉화를 비롯한 성결교회의 많은 여성 지도자들은 한마음으로 크게 박수했다. 이제 교회 안에서 그리고 교회의 이름으로 여성도 전면에 그리고 단 위에 떳떳하게 설 수 있는 시대가 열린 것이다. 안봉화 스스로는 현역으로서 지도자의 자리에 설 기회를 얻지는 못했으나 그는 누구보다 그 순간을 기뻐했다. 그리고 하나님께 감사의 기도를 드렸다.

사실 여성 안수 문제는 한국교회 100년 선교 역사에서 큰 과제로 남아 있었다. 여성들은 교회에서 누구보다 헌신적인 존재들이었다. 그들은 남성들보다 더 열정적으로 교회를 섬겼고 교회의 부흥을 위해 앞장섰다. 그러나 여성들은 언제나 뒷전이었다. 남성 중심의 교회 조직은 성경의 여러 사례들을 들어 여성이 주도권을 갖거나 리더의 위치에 서는 것을 막았다. 여성은 항상 남성보다 뒤에 서야 했다. 여성은 가정이나 사회 어디서나 그들의 아버지와 그들의 남편, 형제들 그리고 심지어 아들들보다 뒤에 서야 했다. 그러나 한국교회 여성은 옹졸하지 않았다. 그들은 교회를 위한 헌신과 수고에서 손발을 빼거나 뒷짐 지고 있지 않았다. 여성들은 교회로부터 주어지는 모든 일들을 위해 최선을 다했고 자기 목숨이라도 아낌없이 내놓을 자세로 헌신에 헌신을 다했다.

그리고, 교회의 여성들은 한국교회 역사 내내 그들의 안수 문제를 놓고 줄기차게 청원을 이어갔다. 한국교회에서 여성이 안수 문제를 가지고 교회의 문을 두드리기 시작한 것은 1938년이 처음이었다. 그때 장로교회 총회가 평양의 서문밖교회에서 열리고 있었는데 장로교 전국 여전도회 회원들은 여성도 당회장의 자리를 앉을 수 있도록 해 달라는 청원을 올렸다. 그러자 거의 모두가 남성인 대의원들은 벌떼처럼 일어났다. 그리고 안건을 청원한 여성들을 향해 온갖 야유와 비난을 퍼부었다. 어떤 목회자는 "정결하지 못한 여자가 이 거룩한 자리에 서겠다는 말인가?"라며 여성들에게 안수를 주고 당회 치리권을 주는 일에 대해 불가함을 역설했다. 결국 한국교회 최초의 여성 안수 문제를 다루었던 이 총

안봉화가 이사장으로 헌신한 청주신학교. 청주 서문성결교회 내에 자리했었다.

회에서 시대를 앞섰던 이 청원은 회의의 안건으로 올라가지도 못한 채 온갖 비난 속에 묻히고 말았다.

이후 한국교회가 처음 여성에게 목회의 권한을 부여하고 그들 머리에 안수한 것은 1977년에 이르러서였다. 처음 교회 회의에 안건으로 올라간 지 무려 40년의 세월이 흐른 뒤였다. 그사이 많은 교회 지도자들 특히 기독교 여성 지도자들은 분투했다. 그들은 끊임없이 그들 교단의 회의에 청원하고 되돌려받기를 반복했다. 사회적인 인식은 나아지기 시작했다. 여성의 권리 회복은 점점 늘어갔고, 여성의 사회적인 지위도 점점 높아지기 시작했다. 그리고 드디어 1977년 한국기독교장로회는 여성 목회자를 배출하기에 이르렀다. 사실 장로교 안에서 여성 장로제도는 이미 만들어져 있었다. 1956년의 일이다. 그러나 여성 목사 안수 문제는 요원했었다. 그래도 여성 지도자들은 꾸준했다. 교회를 위한 헌신과 봉사를 게을리하지 않으면서 그들 가운데서 목회자가 서기를 위해 애썼다. 그리고 마침내 그 결실을 본 것이다.

기장 측의 여성 안수 통과는 일정부분 진보적인 교단의 진보적인 행사로 치부될만한 일이었다. 자칭 진보적인 교단이니 여성 인권을 고려하여 여성에게도 안수하는 것이 합당하다는 생각이었다. 반면 보수적인 나머지 장로교단의 여성 안수는 여전히 머나먼 일이었다. 그렇다고 장로교단의 여성 지도자들이 침묵만 하고 있었던 것은 아니었다. 보수교단의 여성 지도자들은 1938년 처음 여성 목사 안수 청원이 있었던 이래 장로교회가 분열하고 난 1961년부터 꾸준히 여성 목사 안수를 위한 청원을 계속했다. 그러나 남성적이고 권위적인 교단의 분위기는 바뀌지 않았다. 교단 총회는 여성 전도사들과 장로, 집사와 권사로 구성된 여전도회연합회가 올린 여성 목사 안수제도 승인 청원을 '연구'라는 명목으로 방치하기를 거듭했다.

여성 지도자들은 굽히지 않았다. 여성이 강단에 서고 강단에서 안수와 치리권을 가져야 하는 문제는 무엇보다 중요한 문제였다. 그들은 이후 30여 년에 걸쳐 꾸준히 교회를 위한 헌신을 게을리하지 않는 가운데 여성들의 안수 문제를 위해 싸웠다. 언론들도 이들의 투쟁 아닌 투쟁에 동의하며 함께 했다. 1981년 9월 어느 날, 조선일보는 "여성 안수가 세계적인 추세임은 물론, 교단 대표까지 여성이 맡고 있다는 사실을 시위했다"라며 장로교 여성 지도자들의 여성 안수 제도 청원을 위한 노력을 보도했다. 1988년에는 한겨레 신문도 비슷한 보도를 했다. 한겨레 신문의 보도는 흥미롭다.

이번 총회에서는 여전도사들과 전국여신학생연합회 학생 등 200여 명이 총회가 열리는 장소에서 '50년을 기다려 왔습니다', '여성 안수는 하나님의 뜻입니다', '여성도 하나님의 형상대로 창조되었습니다' 등의 피켓을 들고 침묵시위를 벌였다…그러나 총회 쪽은 '조용히 있으면 준다', '50년 기다렸으니 50년 더 기다려라', '하려면 한복 입고해라'라는 등의 무성의한 반응을 보이고 총회에서도 찬반 토론이나 재적 인원에 관한 확인 없이 찬반 투표로 처리해 여전도사들의 쌓인 불만을 더욱 부채질한 결과를 낳은 것이다.

한겨레 신문 1988년 10월 2일

보수적인 한국교회 현실 가운데 열정적으로 벌인 여성 목사 안수제도 통과를 위한 수고는 1994년에 가서야 결실을 보았다.

1938년에 처음 여성들의 지도권을 주장한 이래 무려 56년이나 지난 후였다.

성결교회 여성 지도자들 역시 이런 현실과 변화를 주목하고 있었다. 성결교회 여성 지도자들은 장로교 예장 통합 측에서 여성 안수를 의결하고 첫 여성 목회자를 배출하자 바로 여성안수를 위한 추진위원회를 구성했다. 1996년의 일이었다. 이후 성결교회 여성 지도자들은 꾸준히 여성 목사 안수제도가 세워지기를 위해 노력했다. 그들은 이후 2004년까지 8년 동안 여섯 차례에 걸쳐 여성 목사 안수를 위한 청원을 총회에 올렸다. 성결교회 역시 남성 중심의 보수적인 교단이었다. 교단은 여성의 의견을 무시했다. 여성 지도자들의 청원을 반려했다. 그래도 여성 지도자들은 실망하지 않고, 좌절하지 않았다. 그들은 꾸준히 대의원들을 설득했다. 총회의 여러 의회 지도자들을 설득했다. 여성 지도자들이 굴하지 않고 노력하자 드디어 그들의 안건이 총회에 올라가는 기적과 같은 일이 일어났다. 처음 안건은 부결되었다. 그다음 다시 안건이 상정되자 이번에는 시류를 살피며 연구하자는 결과에까지 도달했다. 드디어 2004년 성결교회 제98년 차 총회에서 여성 목사 안수 제도는 총회를 통과시켰다. 그리고 이듬해인 2005년 성결교회는 처음 여성 목회자를 배출하기 시작했다.

성결교회 여성 목사 안수 문제는 단순히 여교역자들 만의 문제는 아니었다. 성결교회 여성 지도자들은 교역자와 평신도를 무론

하고 대부분 구성원이 여성 목사 안수의 필요를 절감하는 가운데 그 문제를 공유해 왔다. 그래서 아주 오래전부터 여성 목사 안수와 여성 장로 장립 문제를 여성 지도자들 주요 활동 의제와 목표로 삼아왔다. 평신도 지도자들도 여성의 교회 내 지위를 고민해 온 것이 사실이고 오랫동안 여전도회라는 기관 이름으로 함께 사역해 오면서 여성 전도사들의 목사 안수 문제를 깊이 공감한 것이다.

한국교회는 처음 외국인 선교사들의 활동이 시작된 이래 오랫동안 여성 사역자들에게 전도사라는 호칭도 주지 않았다. 한국교회에서 전도사가 되고 목사가 되는 것은 오직 남성 사역자들만의 권리였다. 여성들은 오랫동안 '전도부인'으로만 불렸다. 그러다 해방이 되면서 교회에서 여성의 사역이 중요하게 여겨지기 시작하던 시점에 일정부분 신학교육을 마친 여성 전도부인들에게 전도사라는 호칭을 부여하기 시작한 것이다. 그렇다고 해도 전도부인 혹은 여전도사의 역할은 지극히 제한적이었다. 여성 교역자들에게는 아이들 교육이나 행정 담당, 혹은 여성만을 전적으로 상대하는 전도자의 역할만이 주어졌다. 간혹 교회는 여성들만 주로 있는 일과 시간 가정 심방을 여전도사들에게 맡기기도 했다. 그런 일 외에 여성 교역자가 강단 위에서 설교하거나 예배 집례를 하거나 하는 일은 상상하기 어려웠다. 여성 교역자가 목회적인 치리권을 갖거나 당회를 다루는 것은 더더군다나 상상하기 어려웠다. 이런 시절에 성결교회 여성 지도자들은 여전도사들에게 더 많은 영적 지도권을 부여하고, 여성 전도사들도 목사로서 남성 목회자들과 동등한 역할을 감당하는 시대가 열리기를 바랐던 것이다.

성결교회 여성 지도자들의 열린 마음에는 안봉화의 헌신과 노력도 한몫했다. 안봉화는 결혼하면서 다니기 시작한 봉산교회에서 여전도회를 통해 교회에 헌신하는 가운데 자연스럽게 여러 여전도사와 교류하기 시작했다. 그러면서 누구보다 앞서서 전도부인들 혹은 여전도사들의 처우와 그들의 교회 내 리더십을 고민하기 시작했다. 봉산교회에도 여전도사가 있었다. 그들은 대부분 교회 내에서 제대로 된 교역자로서 권리와 사명을 갖기보다는 남성 목회자들의 사역을 돕는 역할 정도에 머물러 있었다.

안봉화는 여전도회 사역을 점차 확대하면서 그런 여전도사들의 현실을 눈여겨보았다. 그리고 그들이 깨어나는 것이야말로 한국교회의 미래가 열리는 일이라는 것을 확신했다. 대구와 청주에서 주로 여성을 상대로 하는 간호학원을 운영하고 또 이러저러한 사회적인 역할을 감당하면서 여전도사의 지위에 대한 고민과 대안으로서 여성 목회자 안수 문제는 안봉화에게 무척 중요한 사안으로 다가오기 시작했다. 안봉화는 특히 여전도회 전국 조직에서 봉사하고 일하면서 그리고 서울신학대학교 후원회의 일들을 살피면서 교회에서 여성 목회자의 사역이 얼마나 중요한 것인지를 명료하게 이해하기 시작했다.

1970년대를 넘어서면서 안봉화는 여전도회전국연합회 활동을 통해 여성 목사 안수제도 정착을 위해 노력하기 시작했다. 안봉화는 함께 동역하던 여러 여전도사와 함께 여성 목사의 필요성을 여기저기 교단 내 교회들과 지도자들에게 알리기 시작했다. 안봉화는 활동 영역이 넓었다. 그는 가는 곳곳에서 여성 목사의 필요를 전하기 시작했다. 무엇보다 안봉화는 함께 일하는 여전도사들을 일깨우는 일에도 매진했다. 여성 교역자들은 평신도 안봉화의 수고와 헌신 그리고 동행을 고마워한다.

장로님은 여성이 남성과 어깨를 나란히 하고 세상 곳곳에서 제 역할을 하게 되는 날이 오리라 믿고 계셨어요. 장로님은 무엇보다 교회에서 여성의 목회적 지도력이 온전히 세워져야 한다고 생각하셨어요. 그래서 한국교회도 다른 세계 여러 나라 교회들처럼 여성이 안수받고 목회자로서 강단에 서게 될 날을 위해 기도하셨지요. 그러면서 여성 교역자들을 격려하고 여성 교역자들의 사역에 여러모로 힘을 보태셨어요.

그는 성결교회의 지방신학교 가운데 하나인 청주신학교에 주목했다. 그 학교는 여전도사를 주로 양성할 목적으로 설립되어 운영되던 지방의 작은 신학교였다. 안봉화는 신학교의 학생 시절부터 여성 교역자로서 목회에 대한 남다른 열정과 헌신이 심겨야 한다고 믿었다. 그는 곧 청주신학교를 찾았고 거기 학생들과 교류했다. 청주 지역의 성결교회 여성 지도자로서 그들의 마음에 시대에 어울리는 교역자로서 필요한 참된 마음과 지식 그리고 지혜를 새기기 위해 노력했다. 비록 그 학교의 교수진으로 학생들을 가르칠 수는 없을지라도 안봉화는 스스로 학교의 이사장으로 섰다. 지방회 내 여러 지도자의 동의와 격려가 있었지만 무엇보다 스스로 다잡은 마음의 결과였다. 그는 곧 학교를 위해 여러 지원을 시작했다. 학생들을 위한 기숙사를 마련하는 등의 지원을 아끼지 않았다. 학교를 물심양면으로 지원하고 여교역자 후보생들에게 자신의 진정성을 보여주면서 안봉화는 그들 하나하나가 하나님의 사역자로서 온전한 마음을 품게 되기를 간절히 바랐다. 그렇게 하나둘씩 여전도사들이 배출되기 시작하면서 여전도사들 사이에는 안봉화의 마음을 이해하는 사람들이 늘어가게 되었다. 당시 청주 서원교회에서 사역하던 이인한 목사는 그때 안봉화가 청주신학교의 이사진으로 그리고 결국에 이사장으로 봉사하던 일을 이렇게 기억한다.

제 기억에 가장 남은 것은 청주신학교를 시작할 때입니다. 손덕용 목사님을 도와서 신학교를 시작하는 준비를 하

안봉화가 여성 목사 안수제도 청원을 위해 꾸준히 참석했던 기독교대한성결교회 총회

고 있었는데, 이사 편성 얘기가 나왔습니다. 이사들을 선
정하고 이사장을 누구로 할 것인지 물음에 손 목사님은 안
권사님을 내정했다고 하셨습니다. 목사나 장로가 아니어
도 괜찮겠냐고 했더니, 안 권사님이 가장 잘 도울 것이라
고 하셨습니다. 정말 이사장으로 한 해에 3천만 원씩 지원
해서 처음 시작하는 신학교 재정을 원활히 돌아가게 헌신
하셨습니다.

이런 노력은 안봉화가 간호학원을 비롯한 여러 사회활동을 겸하여 얻은 지식과 경험의 결과일 것이다. 그는 대구에 이어 청주 지역에서 YMCA 등 여러 사회단체 활동에 적극적으로 참여했다. 그리고 거기서 여성으로서 시대를 바라보는 열린 눈을 얻었다. 이제 여성은 집 안에만 머무는 존재가 아니었다. 세상은 변화했고 변화한 세상은 여성의 지도력을 절대적으로 필요로 하고 있었다. 안봉화는 여성 지도력의 필요는 세상뿐이 아니리라 확신했다. 그래서 그는 사회활동과 학원 운영을 경험으로 얻은 여성 지도력의 정신과 방법을 그와 함께 사역하고 봉사하는 교회의 여성 지도자들 특히 여전도사들에게 적극적으로 심어주었다. 그리고 그렇게 모인 힘을 교단의 여성 목사 안수제도 청원과 정착을 위해 사용했다.

영국의 그 유명한 흑인해방운동가 윌리엄 윌버포스William Wilberforce가 그의 살아생전 흑인들의 해방을 보지 못했던 것처럼, 안봉화 역시 그의 현역 시절 여성 목사 안수제도가 통과되는 것을 보지 못했다. 성결교회가 여성 목사 안수제도를 결의하고 시행한 것은 그가 교회의 모든 직분에서 은퇴하고 10년이나 지난 후였다. 그는 그때 물러난 권사였다. 그러나 안봉화는 꾸준히 주변을 격려했다. 그래서 성결교회에 여성 목사가 설 수 있도록 지원했다. 아니 그 자신도 여성 목사 안수와 여성 장로 장립 문제로 꾸준히 총회 문을 두드렸다. 안봉화의 그런 노력으로 성결교회는 역사가 백 년이 되기 전, 2004년에 드디어 목회자와 장로 장립 문제를 모두 포함한 여성 안수 문제를 받아들이게 된 것이다.

여성 목사 안수 청원이 쉽게 받아들여지지 않던 시절, 누군가는 안봉화에게 이렇게 말했다. "권사님, 인제 그만 하세요…세 번이나 청원했는데 아직 받아들여지지 않으니 아직은 때가 아닌가 봅니다." 그러나 안봉화는 그런 후배들에게 이렇게 말했다. "받아들여질 때까지 계속해서 청원해야 합니다. 언젠가 교단의 어른들이 여성들도 목사로 서야 한다는 사실을 인식하고 받아들이는 그날까지 우리는 쉬지 말고 사람들을 설득해 나가야 합니다." 그리고 주변의 남성 목회자들과 장로들에게 이렇게 말했다. "이제 시대가 바뀌어 여성의 지도력이 중요하게 받아들여지는 시절입니다. 여러분도 그것을 인정해야 합니다. 여성이 강단에 서서 설교하고, 축도하고, 그리고 안수할 수 있도록 길을 여십시오. 그렇게 하는 것이 성결교회의 중단없는 부흥을 위해 옳은 것입니다." 이때의 안봉화를 기억하는 이군자 목사는 이렇게 말한다.

안봉화 장로님은 스스로 여전도사의 자리에 있지 않으시면서도 여전도사들의 역할이 확대되고 강화되어야 한다고 생각하시던 분이셨어요. 여성들도 목사가 되어 강단에 서야 한다고 생각했지요. 장로님은 그런 마음으로 은퇴하신 후에도 여러 교단의 어른들을 설득하고 남성 목사님들

을 설득하셨어요. 그리고 마침내 본인이 그렇게 기도해마

지않던 여성 목사 안수제도 청원이 받아들여지는 것을 보

게 되었지요.

안봉화는 누구보다 여성 목사 안수제도가 절실했다. 그는 그것

이 여성을 위한 것일 뿐 아니라 성결교회의 미래를 위해서도 옳

다고 믿었다. 그래서 그는 스스로 현직에서 물러난 상황에도 여

성 목사 문제만큼은 중요하게 여기고 꿋꿋이 그것을 관철하기 위

해 길을 걸었다. 그는 여러 사람이 이제 더는 의미가 없다고 말하

는 현실에서 꿋꿋이 자기가 믿어 의심치 않는 바에 굳건하게 서

서 그가 바라본 비전을 실현할 길을 모색했다. 안봉화는 그런 면

에서 비전의 사람, 비전의 여인이었다.

많은 사람이 비전의 사람은 불안한 현실을 딛고 서서 미래를

바라보는 사람이라고 말한다. 역사 속 수많은 인물이 그렇게 불

완전한 현실 위에 서서 분명한 내일, 실현될 미래를 바라보았다.

우리는 그런 사람들을 위대한 사람이라고 부른다. 그러나 여기서

우리는 그런 사람들 그저 위대한 사람이라고 부르지 말고 위대한

비전의 사람이라고 불러야 할 것 같다. 그래야 한다. 그저 시류와

현실에 어울리는 삶을 살고 누리며 업적을 이룬 사람들도 부지기

수이기 때문이다. 비전의 사람들은 가능하지 않은 현실, 난감하여

한계에 맞닥뜨렸다고 여기는 현실에서 미래를 보는 사람들이다.

비전의 사람들은 현실의 울타리에 갇혀서 누구도 내다보지 못하는 개척 가능한 미래를 바라보는 사람들이다. 그래서 미국 대통령 프랭클린 루즈벨트의 부인 엘리노어 루즈벨트Eleanor Roosevelt는 이렇게 말했다. "우리가 따라야 하는 사람은 희망과 비전으로 미래를 바라보고 그것을 오늘의 아름다움으로 이끌어 오는 사람들이다. 우리는 그런 사람이 우리 다음 세대가 살아갈 미래 세계에 어울리는 사람들이라고 말해야 한다."

그때 서울신학대학교 모두가 그랬다. 그리고 성결교회 여성 지도자들이 모두 그랬다. 그들은 안봉화의 비전 가득한 마음과 그의 신실한 혜안을 지켜보았다. 그리고 안봉화의 마음에 기대어 서울신학대학교와 성결교회의 미래를 내다보았다. 이런 면에서 안봉화는 하나님께서 보내주신 미래의 사람이다. 안봉화는 그와 그가 속한 공동체의 미래를 건강한 신앙의 비전으로 바라보고 그것을 현실화하기 위해 부단히 노력한 사람이다. 그는 서울신학대학의 시급한 이전 문제를 바라보지 않고 그 학교를 채울 학생들의 미래를 바라본 사람이었다. 그는 무엇보다 한국성결교회의 주어진 현실에 기대어 안주하지 않았다. 그가 보기에 한국성결교회의 미래는 여성이 동등한 목회의 권리를 가지고 서게 될 때 부흥할 수 있었다. 그래서 그는 한국성결교회의 미래를 여성 목사 안수제도에 두었다. 그리고 그것을 위해 사는 날 내내 수고하고 헌신했다.

우리는 그래서 안봉화를 미래의 사람, 비전의 사람이라고 불러야 한다. 안봉화는 하나님께서 그에게 주신 신앙의 눈으로 오늘을 넘어 내일을 바라본 사람이었다. 그는 무엇보다 하나님께서 눈 뜨게 하신 미래를 향한 혜안으로 그 자신을 포함한 성결교회와 한국 사회 나아가 이 세상이 가야 할 길을 흔들림 없이 바라본 위대한 비전의 사람이었다.

安奉花

1926~2022

시대의 사람

만주 신경 유학 시절 간호학교 재학 중 실습하는 안봉화

안봉화는 그의 시대를 온몸으로 겪으며 살았지만 동시에 그 시대를 넘어서 더 높은 곳
을 향해 나아가려는 의지와 정신, 실천이 투철했던 사람이었다.

우리의 주인공 안봉화安奉花, 1926~2022는 1926년 3월 12일 경상
북도 선산의 순흥안씨順興安氏 집안 여섯 형제의 다섯째 딸로 태어
났다. 순흥안씨는 고려조로부터 대단한 집안이었다. 우리나라에
성리학을 들여왔다고 알려진 안향安珦이 이 집안의 중시조中始祖이
다. 조선시대에 이르러서 순흥안씨는 과거에 급제한 인물만 육백
사십여 명을 배출하여 걸출한 집안으로 성장했다. 근대에 이르러
서도 집안은 훌륭했다. 우리가 잘 아는 독립운동가 안창호安昌鎬와
안중근安重根 등이 이 집안사람들이다. 그런데 사실 안봉화의 집안
이력은 아버지 안성호 씨의 순흥안씨보다 어머니 아가씨의 남양
홍씨南陽洪氏 집안이 훨씬 대단하다. 남양홍씨는 고려를 건국한 개
국 공신 가운데 한 사람, 홍은열洪殷悅을 시조로 한다. 이 집안이 정
말 대단하다고 말하는 것은 조선 헌종의 계비인 효정왕후孝定王后가
바로 이 집안 출신이기 때문이다. 조선 말에 왕비가 된 것이니 한
편으로 복잡한 세도 정치의 흐름 속에 어려운 일도 많이 겪었으리
라 생각하기도 하지만, 집안에서 왕비가 배출되었다는 것은 그만
큼 그 집안이 대단한 시대적 역량을 가지고 있었음을 의미한다.

봉화奉花라는 이름은 어머니가 딸을 낳을 즈음에 봉화의 친정
에 다니러 갔는데 거기서 출산하는 바람에 지어졌다. 봉화奉化에
서 낳은 딸이라는 의미의 '봉'奉자와 언니들에게 이미 주어진 돌
림 '화'花자를 사용해 '봉화'라고 지었다고 한다. 태어난 곳을 따라
이름을 지어 '봉화'라지만 사실 봉화라는 말은 그 뜻 그대로 '꽃을

받들다'라는 의미가 있다. 안봉화는 평생 자신과 삶의 자리 주변을 온통 꽃으로 단장했다. 꽃이 달린 모자를 즐겼고, 꽃봉오리로 장식된 맵시꽃을 좋아했으며, 꽃나무를 가꾸고 꽃을 피워내는 일을 행복해했다. 이름 따라 산 것이다. 그래서인지 안봉화를 만나는 사람들은 언제나 그를 '꽃을 품은 사람'이라고 말했다. 여전도회 후배 가운데 한 사람 이경주 권사는 꽃의 여인 안봉화를 이렇게 추억한다.

> 안봉화 장로님을 처음 만났을 때를 기억합니다. 꽃으로
> 수놓은 모자를 쓰고 꽃이 장식된 정장 차림의 모습이었지
> 요. 안봉화 장로님은 꽃을 사랑하셨고 꽃으로 자신을 장식
> 할 줄 아시는 분이셨어요. 그 아름다움과 단아함, 그 화려
> 함을 잊을 수 없습니다.

안봉화가 자란 선산에는 북쪽에 비봉飛鳳이라는 이름의 야트막한 산이 하나 있다. 작지만 그래도 봉황이 날아오른다는 이름을 품고 있는 산이다. 봉황이 날아오른다는 것은 예부터 좋은 의미로 사용되었다. 뜻한 바를 이루고 재물과 명예 등이 풍성해진다는 뜻이다. 그런데 어찌 된 일인지 옛 선산 사람들은 그런 봉황이 날아오르는 것을 막고 봉황을 붙잡아두려 했다. 그래서 선산의 동네 이름 가운데 하나인 '망장 마을'은 봉황이 날아오르는 것을

안봉화가 태어나 자란 경상북도 선산읍 전경. 가운데 얕은 산 비봉이 보인다.

막기 위해 그물을 쳐 두었다는 뜻이 있고, 물목 마을 옆 작은 뒷산 '황산'鳳山은 날아오르지 못하는 봉황을 위로하기 위해 그 암컷을 두었다는 뜻이다. 그 외에도 '화조 마을'은 그들에게 붙잡혀 있는 봉황에게 먹이를 주고 기른다는 의미가 있다. 아마도 봉황의 좋은 기운을 그들의 것으로 붙잡아두고 싶었던 마음이었을 것이다. 어쨌든 날아오르려는 봉황과 그것을 붙잡아두려는 선산 사람들의 삶은 묘한 아이러니를 이룬다. 그것은 마치 꿈을 이루고 운명을 개척하려는 사람과 그런 그를 붙들어두려는 숙명 사이 묘한 대립각과 비슷하다.

안봉화의 평생은 이런 아이러니로 그려진다. 그는 한편으로 시대에 갇힌 사람이었다. 그렇지만 그는 평생 자신에게 드리운 시대의 그림자를 넘어서서 자신의 비전과 꿈을 이루려 부지런했던 사람이었다. 그가 살았던 세상과 그의 삶의 현실은 그를 주저앉히고, 그가 살았던 시대는 그의 꿈을 가두어 두려 했다. 날아오르지 못한 채 선산에 갇힌 봉황처럼, 시대의 장막에 막혀 날아오르지 못한 봉황은 안봉화 자신이었다. 그는 일제강점기라는 역사의 굴레가 멍에처럼 씌워졌던 암울한 시대를 살았다. 그는 6·25전쟁의 참화와 비극의 시간 한 가운데를 지나왔다. 그는 먹고살기도 힘든 전후의 고통스러운 시간, 남녀 사이 두꺼운 유리 천정이 머리 위 무거운 봇짐처럼 주어져 있던 시절을 온전히 살았다. 그는 봉황처럼 날아오르고 싶었으나 그의 시대는 그를 그물 안에, 울타리 안에 가두어 두려고만 했다. 그러나 안봉화는 시대를 넘어선 산 사람이기도 했다. 그는 자기에게 주어진 울타리를 두려워하지 않고 오히려 거기서 삶의 기쁨을 찾았다. 거기서 자기가 걸어야 할 길을 모색했다. 그렇게 봉황은 시대의 아픔과 한계 가운데서 날아올랐고 그 마음은 사람들이 아닌 하늘 하나님에게 닿았다.

안봉화는 막내 옥화가 태어나기 전까지 여섯 해는 온전히 막내로 자랐다. 활달하고 인사 잘하고 주변 어른과 친구에게 더없이 사랑스러운 딸이었다. 안봉화는 어릴 때부터 무엇 하나 가벼이 여기지 않았다. 그는 모든 것을 호기심 있게 바라보았고 탐구했고 그렇게 주어진 모든 것을 자기 지식 창고 속에 넣었다. 가족들과 주변 사람들은 그런 안봉화를 아끼고 사랑했다. 주변 사람들은 이 똑 부러지는 다섯째 딸이 남자로 태어났어야 한다는 둥, 여장부가 될 것이라는 둥, 칭찬을 아끼지 않았다. 안봉화는 어린 시절조차 사람들에게 강렬했다.

선산에서 보낸 어린 시절 안봉화에게는 큰 사람이 하나 있었다. 바로 큰 형부 김경섭이었다. 나이 차이가 크게 나는 큰 언니 이화는 안봉화가 열한 살 되던 해에 김경섭에게 시집을 갔다. 김경섭은 당시 선산읍의 병원에서 일하는 의사였다. 안봉화는 언니 집에 자주 놀러 갔다. 언니 이화는 동생을 살뜰하게 아끼며 사랑해주었다. 안봉화를 아껴주기는 형부도 마찬가지였다. 형부 김경섭은 남자아이처럼 짓궂기까지 한 어린 안봉화를 친동생이나 친자식처럼 아껴주었다. 형부 김경섭은 안봉화의 어리광 가득한 장난들 하나하나에 반응해 주었다. 특히 형부는 안봉화의 호기심과 질문들, 탐구하는 태도들을 좋아했다. 의사이자 지식인이었던 형부의 눈에도 안봉화는 그저 그런 어린아이로만 보이지는 않았던 것 같다.

어린 안봉화는 언니 집이 만화경 같았다. 언니 집에 갈 때마다 마주하는 모든 것, 마주하는 사람들 모두가 신기하고 탐낼만한 것이었다. 특히 안봉화는 형부가 사용하는 의료 기구들에 흥미를 품었다. 안봉화는 형부에게 그 용도를 묻기도 하고, 사용하는 법을 배우기도 했다. 언니는 옆에서 여자아이에게 그런 것을 왜 가르쳐 주느냐고 했지만, 형부는 질문 많은 어린 처제에게 친절했다. 그는 처제 안봉화가 던지는 질문에 미소로 답하며 그의 의학적 관심을 아껴주고 보듬어 주었다. 안봉화는 때로 수술용으로 사용하는 가위나 집게 등을 집에 가져오기도 했다. 그 사실을 안 언니는 크게 화를 내고 안봉화를 나무랐지만, 형부는 그러지 않았다. 형부는 안봉화에게 조심히 다루라고만 하고 그것들과 가까이 지내는 안봉화를 나무라지 않았다.

형부 김경섭은 실제로 시대를 앞서간 멋진 사람이었다. 그는 평양의과전문학교를 졸업하고 의사가 된 후 의료가 낙후된 여러 곳에서 어렵고 힘든 사람들을 치료하는 일을 많이 했다. 특히 충북 괴산에서 동광의원東光醫院을 개원하고 많은 사람에게 의료 혜택을 받을 수 있도록 큰 노력을 기울였다. 해방되고 6·25전쟁을 겪은 후에는 포항에 정착해 거기서 동인의원同仁醫院을 열고서는 더욱 사회를 위한 공헌에 매진했다. 이후에도 김경섭의 사회봉사와 국가를 위한 헌신은 계속되었다. 그는 가는 곳곳에서 사람들에게 의료 혜택을 베풀고 선행을 다 하는 발자취를 뚜렷이 남겼다. 그러던 어느 때 해방과 전쟁의 상황에서 나라와 사회를 재건하는 일에 누구보다 앞장선 김경섭은 인재를 양성하는 일이 무엇보다 중요하다는 것을 깨닫고 포항에서 학교를 열었다. 대동중고등학교를 설립한 것이다. 1972년의 일이다. 지금도 대동중고등학교는 명문 교육기관으로 굳건하게 서서 지역사회의 인재를 양성하는 일에 매진하고 있다.

안봉화로서는 이렇게 큰 사람 김경섭을 형부로 둔 것이 자랑스러웠다. 안봉화는 특히 형부가 만나는 사람들 면면에 큰 관심을 보였다. 형부 김경섭은 당대의 큰 인물 가운데 한 사람인 이범석과도 교분이 두터웠다. 이범석은 광복군을 이끌었던 인물이었고 해방 후에는 내각의 여러 요직과 그리고 국무총리를 지낸 사람이다. 김경섭은 그런 이범석을 존경했고 그와 오랫동안 교류했으며 그와 막역한 관계를 유지했다. 김경섭은 괴산에서 병원을 운영하던 시절 김사달이라는 사람을 제자로 두었는데 그는 충청북도의 큰 사람으로 명필로 유명했다. 이범석이나 김사달과 같은 인물과 교류하는 형부 김경섭의 모습은 언제나 안봉화에게 삶의 눈을 크게 뜨도록 이끌었다. 안봉화는 그래서 어려서부터 줄곧 형부를 존경해왔고 많은 부분 형부에게 인생길에 대한 자문과 도움을 얻었다. 안봉화는 그렇게 형부 김경섭을 통해 사람을 보고 사람을 사귀는 법을 배우는 가운데 형부에게서 크고 넓게 세상을 살아가는 법을 배우고 익혔다. 안봉화는 자신의 자서전에서 형부 김경섭을 이렇게 평가한다.

그분은 찾아오는 환자에게 명의였다. 돈 없는 환자에게
는 자선을 베푸는 좋은 의사로 덕망이 높았다…(그분은)
참으로 호방하면서 미남이었을 뿐 아니라 의사로서 많은
사회단체에 참가하였고 해방 초기에 국민운동에도 앞장서
신 애국자였으며 다방면에 능수능란한 분이었다.

이후 안봉화는 형부에게서 자극받은 것이 분명한 길로 나갔다.
열다섯 살이 되던 해에 만주 신경지금의 장춘으로 유학을 떠난 것이
다. 안봉화는 거기서 간호학교에 입학해 간호학을 공부했다. 사실
안봉화는 일본으로 가서 거기서 공부하고 싶었다. 그런데 그에
게 그런 기회까지는 주어지지 않았다. 결국 선택한 것이 당시 만
주 신경에 있던 친척 언니에게 가서 거기서 공부할 기회를 얻는
것이었다. 그런데 열다섯 살의 안봉화에게 타향살이는 쉬운 일이
아니었다. 그에게는 공부보다 먼저 일자리가 주어졌다. 안봉화는
신경에서 일본인이 운영하는 병원에서 일했다. 그는 병원에서 성
실하게 일했다. 그러자 그에게 드디어 공부할 기회가 주어졌다.
병원장이었던 일본인 아사이 노보루는 그에게 간호사과정 공부
를 적극적으로 권했다.

만주 신경에서 안봉화는 아사이 노보루의 소아과 병원에서 기
숙하면서 간호학교에 다녔다. 1930년대 중반 일제에 의해 만주
국이 들어선 이래 만주의 대부분 학교는 일제의 학교 제도에 편

입되었다. 조선인들이 만들거나 운영하던 학교들도 마찬가지였다. 만주는 철저하게 일제의 지배와 통제 아래 있던 땅이었다. 일제의 통제 아래 있었던 것은 거기 전문학교들도 마찬가지였다. 특히 의과 계열의 학교들이나 간호사를 양성하는 학교들은 더욱 그랬다. 일제는 만주사변과 중국과의 전쟁, 그리고 이후 이어진 태평양 전쟁 기간 의료진을 양성하는 학교를 전쟁 상황에 어울리는 체제로 전환했다. 간호학교는 말할 것도 없었다. 이 시기 만주와 조선 그리고 일본 본토에 있던 간호학교들은 한결같이 원활한 전쟁 수행을 목적으로 하는 학교들이었다. 당연히 간호학교의 교육과정은 대부분 전쟁터에서 환자나 부상자를 치료하는 일, 그 일에 대한 실무적인 훈련으로 채워져 있었다. 안봉화는 이런 시절에 자신이 마음속에 그리던 의료인으로서 삶을 위해 간호학교에 다녔다.

안봉화가 다닌 신경의 간호학교는 주로 일본인들이 다니는 학교였다. 안봉화가 다니던 시절 그 학교에는 안봉화 외에 다른 조선인이 없었다. 후에 안봉화가 학교를 졸업할 즈음 조선인 하나가 학교에 들어왔다. 조선인이 전혀 없는 일본인 학교에 다니는 일은 쉬운 일은 아니었을 것이다. 일제의 식민지 정책은 후반부로 갈수록 극렬해졌고 조선인에 대한 차별은 더욱 심해졌다. 조선인 여성들에 대한 처우는 더욱 그랬다. 안봉화는 그런 상황에서도 그 특유의 명민함으로 학교생활을 활달하게 이어갔다. 특히 그가 일하던 병원의 원장 아사이 노보루는 안봉화의 사람 됨됨이를 알아보았다. 그리고 그의 적극적인 후견인 역할을 맡아주었다. 그는 안봉화에게 자신이 타는 차를 통학용으로 내주기도 했다. 안봉화는 친절한 일본인 병원장 덕분에 어려웠다면 어려웠을 학교생활을 무사히 마칠 수 있었다. 이 시절 안봉화에게 아사이 노보루에 대한 기억은 특별하다. 그는 아사이 노보루를 이렇게 추억한다.

> 내가 근무한 병원은 장춘시(신경시) 승지로의 아사이 소아과였고, 원장인 아사이 노보루는 일본제국대학교 출신이었다. 근검절약을 어릴 때 어머니로부터 익혀 몸에 배어 있었지만 아사이 선생의 생활 속에서 또한 많은 것을 배우고 깨닫게 되었다. 인종 차별이나 일본인 특유의 교만 같은 것은 찾아볼 수 없는 보기 드문 인격자였다.

그런데 안봉화의 사회생활의 어려움은 신경 간호학교를 안정적으로 마친 후부터 시작되었다. 일제강점기 시절 조선의 간호사 채용 정책은 조금 복잡했다. 조선 반도 내 병원에서 간호사로 일하려면 일단 조선 반도 내에 설치된 '간호사훈련소'를 졸업해야 했다. 아니면 일본 본토의 간호학교를 졸업해야 했다. 만주 간호학교의 졸업장은 통하지 않았다. 꿈을 안고 만주까지 가서 학교

를 졸업하고 돌아온 안봉화로서는 난감한 상황이 되어버리고 말
았다. 결국 안봉화는 한동안 집에 머무를 수밖에 없었다.

일단 집에 돌아온 안봉화는 일제 말기의 복잡한 상황을 고향인
선산 집에 머물며 넘겼다. 여자들이 함부로 돌아다니다가는 어떤
일을 치를지 모르는 상황이었다. 간호학을 공부한 안봉화는 더욱
그랬다. 집안 어른들의 의견도 그렇고 해서 안봉화는 선산 집에
머물며 조용히 지냈다. 사실 선산에서도 가만히 있었던 것은 아
니었다. 그는 칩거하던 선산에서 그가 배우고 익힌 것들이 사람
들에게 복이 되는 길을 찾았다. 부인들과 여성들의 계몽과 교육
을 위해 교회를 중심으로 다방면의 다양한 활동을 벌인 것이다.
그러다 결국 해방되고 안봉화는 고향 선산에서 선산교회 집사인
정수경과 더불어 '대한부인회'를 조직했다. 회장은 정수경이 맡
고 자신은 조직부장을 맡아 부녀자들을 계몽하고 그들의 건강과
복지를 위해 큰 노력을 기울였다. 그의 대 사회적 공헌과 활동은
이때부터 시작한 것이다.

그렇게 해방이 되고 여전히 불안한 시국이 이어질 무렵, 안봉
화는 드디어 간호사로서 삶을 시작하기 위해 길을 찾아 나섰다.
다행히 해방된 나라는 간호사가 되는 국가시험 제도가 도입되어
있었다. 안봉화는 그 시험을 치르기로 했다. 그런데 시험장에서
그는 예상치 못한 어려움에 마주하게 된다. 시험 언어가 조선어
였다. 비록 만주지만 일본인들이 운영하는 간호학교에서 일본어

로 된 의학 용어와 간호 관련 용어들을 공부한 안봉화에게는 또 다른 난관이었다. 일본어로 공부할 수밖에 없었던 안봉화의 현실도 이해가 되고, 조선 사람을 치료하는데 조선어로 된 간호 언어를 사용해야 한다는 해방된 나라 시험 당국의 정책도 이해가 되는 당시의 현실이었다. 어쨌든 안봉화로서는 의료인으로서 나선 길에 또 다른 복병을 만난 셈이다. 그러나 안봉화는 여기에서도 난관 앞에 굴복하지 않았다. 그는 감독관들을 설득했다. 그리고 일본어로 답안을 작성할 수 있도록 해달라고 요청했다. 그의 요청은 받아졌다. 그리고 그는 무사히 고시에 합격할 수 있었다.

시험에 합격한 안봉화는 해방된 나라의 의료인으로 살기 위해 꿈을 품고 더 큰 도회로 나갔다. 안봉화가 간호 의료인으로서 첫발을 내디딘 것은 경북대학교 의과대학 부속병원이었다. 경북대학교는 해방이 되고 난 후 미군정 시절 대구 인근에 흩어져 있던 대구의학전문학교, 대구농업전문학교, 그리고 대구사범학교를 합쳐 미국식의 종합대학으로 확대 재편한 국립대학교였다. 이때까지 병원은 '동인의원'을 전신으로 하는 대구도립의료원이었는데 이때 경북대학교가 설립되면서 경북대학교 부속병원이 되었다. 이미 대구와 경상북도 일대를 위한 의료 기능을 충실하게 수행하고 있던 큰 병원이었는데 해방이 되면서 더욱 발전할 수 있는 토대를 마련하게 된 것이다.

경북대학교 병원에 간호사 자리를 얻은 안봉화는 평범한 간호

안봉화가 간호사로 근무했던 경북대학교 전경

사로서의 일에만 주력하지 않았다. 안봉화는 자신이 더욱더 전
문화되고 숙련된 의료인이 되기를 바랐다. 그는 먼저 수간호사의
자리에 올랐다. 열심히 일한 덕분이었다. 이어서 그는 조산사 자
격을 얻기 위한 준비에 들어갔다. 지금이야 이 모든 일들을 산부
인과 병원에서 다 수행하지만, 그 시절 만 해도 의과대학 내에 그
렇게 전문화된 영역은 구축되지 않았다. 그래서 국가에서는 산부

인과 관련된 일들의 상당 부분을 출산 전문가들인 조산사들에게 맡겼다. 그런 시절에 만일 간호사가 조산사 자격까지 갖고 있다면 그것은 더할 나위 없는 훌륭한 조건이 될 것이었다. 안봉화는 결국 조산사 자격까지 얻게 된다. 그리고 자신이 일하는 경북대학교 병원에서 여성들과 부인들을 주로 진료하는 일과 치료하는 일, 그리고 돌보는 일로 전문화된 자리에 서게 된다.

안봉화는 확실히 자리의 중요성을 잘 이해하고 있는 사람이었다. 경북대학교 병원에서 간호사로서 그리고 조산사로서 성실하게 일하고 있을 때 그에게 특별한 기회가 왔다. 바로 경상북도 도립 포항병원에서 간호과장 제의가 들어온 것이다. 안봉화는 그 제안을 받아들였다. 그리고 포항으로 내려가서 거기서 간호과장으로서 일을 새롭게 시작했다. 포항병원 간호과장 자리는 수월했다. 대구에서 이미 알고 지내던 의료계 지인들이 이미 많이 와 있었다. 무엇보다 경북대학교 병원에서 손발을 맞추던 최태자와 이윤옥 두 간호사가 뒤따라 내려오는 바람에 그곳 생활은 더욱 신이 났다.

그러나 안봉화에게는 곧 어려운 시련이 다가오게 된다. 그 시련은 그가 일부러 계획한 것도 아니요, 누군가 안봉화 때문에 만들어둔 것도 아니었다. 그것은 민족의 큰 비극이었던 6·25 전쟁이었다. 안봉화는 포항에 내려온 지 3개월 만에 그 크고 고통스러운 전쟁과 마주하게 된다. 6·25 전쟁의 상황에서 안봉화의 이야기는 상당히 극적이다. 그의 이야기는 웬만한 참전군인의 것을 웃돈다.

　1950년 6월 25일 새벽에 일어난 전쟁은 북한이 불시에 남한을 침공하면서 시작되었다. 전쟁은 전격적으로 발발했고 개전 초기 잘 준비된 북한군에게 국군은 수세로 밀렸다. 결국 3일 만에 수도 서울을 빼앗기고 7월 초에 이미 한강이 돌파되어 한반도 남쪽 땅 거의 대부분이 북한군의 수중에 들어갔다. 북한군은 말 그대로 파죽지세로 남녘 땅을 휘몰아 충청도와 전라도 일대를 차지한 뒤 이어서 경상도로 방향을 틀었다. 국군은 밀리고 밀려 낙동강까지 이르게 되었고 미군과 유엔군의 도움 속에 겨우 낙동강에 방어 전선을 구축할 수 있었다. 낙동강 방어는 치열했다. 수많은 군인이 낙동강을 따라 포항으로부터 김해로 이어지는 전선에 서서 북한군과 공방전을 벌이며 치열하게 싸웠다. 그리고 죽어갔다.

　전쟁의 가장 큰 특징은 대단위의 폭력적인 전투 수행과 그로 인한 수많은 사상자이다. 당연히 사상자들을 처리하고 치료할 야전병원이 절대적으로 필요했다. 안봉화가 있던 포항병원은 전쟁 발발과 더불어 제3야전병원이 되었다. 안봉화는 간호사로서 당연히 전쟁에 군무원으로 참여하게 되었다. 전쟁의 혼란스러운 상황에서 사실 병원에 남아 있지 않아도 되었다. 실제로 포항병원에 근무하던 몇몇은 전쟁 상황에서 사라지거나 실종되기도 했다. 안봉화는 그렇게 하지 않았다. 안봉화는 고향으로 돌아가지도 않고 피난 행렬을 따라 부산으로 가지도 않았다. 안봉화는 최태자 간호사와 이윤옥 간호사 등 경북대학교 병원에서 함께 온 사람들과 함께 군무원의 신분으로 야전병원에 함께 했다.

제3야전병원에 배속된 후 얼마 지나지 않아 병원은 부상자들로 넘쳐나게 되었다. 부상병은 끊임없이 들어왔고 갈수록 그 숫자는 더 많아졌다. 그때 안봉화는 만주 간호학교에서 배운 실전 전쟁 치료법을 사용할 수 있었다. 앞에서도 언급했지만, 당시 만주 신경의 간호학교는 전쟁 가운데 발생하는 부상병 치료를 위한 다양한 처치법들을 가르쳤는데 매우 실효성이 있는 것들이었다. 전쟁에서 발생한 부상자를 처치하고 치료하고 간호하는 법을 배울 당시 안봉화는 그 모든 것이 마음에 들지 않았다. 그런데 이제 새로운 자기 나라에서 발발한 전쟁에서 그 시절 것들을 요긴하게 사용할 길을 찾게 된 것이다. 안봉화는 그때의 기억을 되살렸다. 간단한 부상자로부터 대수술이 필요한 부상자, 죽어가는 사람들에 이르기까지 한 사람 한 사람 안봉화의 손길을 거쳐 가며 살기도 했고 죽기도 했다. 어느 때는 수술대를 맡는 일도 있었다. 위급한 상황이니 그런저런 것들을 따질 일이 아니었다. 안봉화는 주저 없이 수술 기구들을 집어 들었다. 그리고 과감하게 수술을 진행했다. 안봉화는 그 처참한 부상자의 모습에도 눈길 하나 흔들리지 않았다. 예전에 실전적으로 배운 치료법과 처치법을 하나하나 기억해 내며 최선을 다해 부상병들을 치료했다.

안봉화가 간호과장으로 근무한 포항도립병원 전경

　비록 군무원이라는 위치였지만 간호과장이라는 자리는 전쟁
상황 야전병원에서 위급한 부상병을 치료하는 일에 큰 지도력을
요구했다. 들어오는 환자들을 처리하고 그들의 상태를 정리해 치
료의 순위를 정하는 일, 치료받은 환자들이 잘 회복하도록 돌보
는 일, 심지어 병원을 운영하는 일 등에 이르는 다양한 과제들이
안봉화에게 주어졌다. 안봉화는 주어지는 상황 하나하나를 잘 따

져 보되 가능한 한 신속하게 대처해 나갔다. 병원 사람들과 특히 의무병들이 안봉화의 그런 지도력에 많이 의지했다. 그가 정리해주고 그가 처리하라는 대로 하면 아무 문제가 없었고 모든 일은 원활하게 잘 돌아갔던 것이다. 야전병원을 운영하는 군의관들에게도 역시 안봉화는 절대적인 존재였다. 그들은 안봉화라는 한 사람의 지도로 혼란하기 짝이 없는 야전병원의 현실을 차분하게 풀어갔다.

그러나 그때 포항은 안전하지 않았다. 포항은 그 자체가 언제고 포화에 휩싸일 수 있는 전쟁터였다. 그러던 8월 어느 날 병원에 위기가 닥쳤다. 새벽 4시쯤 부상병을 치료하느라 힘들었던 몸을 잠시 쉬게 하고 있는데 소수의 북한군이 밀고 들어왔다. 순식간에 병원은 그들 북한군의 차지가 되었다. 군인이라지만, 구성원은 거의 다 의사이고 간호사이며 환자인 병원은 속수무책으로 그들의 포로가 되었다. 그들은 안봉화를 비롯한 몇몇 병원 관계자들에게 먹을 것과 약품을 챙기라고 지시했다. 그리고 그들을 데리고 산으로 올라갔다. 안봉화 일행을 데리고 후퇴하려는 계획이었다. 안봉화와 일행은 그들이 시키는 대로 식량과 약품을 챙기면서 혹시 죽을지도 모르겠다는 두려움에 떨었다.

그날 국군과 미군은 다시 포항으로 들어왔다. 병원도 되찾았다. 북한군은 밀리고 있었다. 산속에서 모든 상황을 지켜보던 북한군은 안봉화를 비롯한 병원 사람들을 일렬로 세우고 그들과 함께 북쪽으로 갔다. 안봉화를 비롯한 동료들은 혹시나 학살당하지 않을까 하는 두려움과 지난 며칠 동안의 피곤이 함께 밀려오는 가운데 고통스러운 행군을 이어갔다. 그런데 퇴각하는 북한군이 어딘가 어수룩했다. 그러자 끌려가던 사람들이 하나둘씩 도망치기 시작했다. 안봉화 역시 그때다 싶어 함께 잡혀 온 최태자와 이윤옥과 함께 대열에서 이탈해 도망쳤다. 한참을 도망치다가 역시 도망쳐온 병원 관계자 한 사람을 만났다. 그리고 이어 외딴집에서 부상한 채로 신음하고 있는 국군 위생병 한 명도 만났다. 일행은 먼저 위생병을 응급 처치했다. 그렇게 다섯 명은 경주의 제3육군병원으로 향했다. 그때 힘들었던 경험을 안봉화는 이렇게 회고한다.

포항에서 경주가 육십 리라고 하지만 산으로 이어진 길은 육백 리는 되는 것 같았다. 가는 길에서 만난 사람들은 남한 군복을 입은 우리를 보고 피하면서 우리보고 '빨리 사라져라.'라고 야단들이었다. 그러나 그때 하나님께서는 우리를 버리지 않으셨다. 싸리로 담장을 두른 한 집에서 우리를 부르며 빨리 들어오라고 했다. 우리는 구세주를 만난 듯 집안으로 뛰어 들어가…거기서 삼베 잠방이, 중이 적삼 같은 민간 옷으로 갈아입고 주먹밥 한 개씩을 받아먹었다. 그때 그 주먹밥의 맛은 지금도 잊을 수 없는 일품이었다.

안봉화 일행은 그렇게 어려움을 겪으며 경주 제3국군병원에 도착했다. 그리고 거기서 포항병원의 동료들을 만났다. 이후 안봉화는 북한군에게 포로가 되는 어려움을 겪고도 다시 포항의 제3야전병원에 복귀했다.

그때 6·25전쟁의 양상은 크게 바뀌었다. 국군과 유엔군이 인천상륙작전을 통해 인천과 서울을 수복하고, 그리고 낙동강 전선의 국군과 유엔군도 전열을 정비해 대대적인 공격으로 북한군을 밀어내기 시작한 것이다. 북한군은 북쪽으로 퇴각하기 시작했고 국군과 유엔군은 북진에 북진을 거듭하기 시작했다. 이제 야전병원도 북진하는 군인을 따라 북으로 올라가야 했다. 안봉화와 군무원 동료들은 그 길을 함께 했다. 주로 동해안을 따라 올라갔다. 북진하는 군인들과 함께 올라가는 길은 한편으로 승전에 대한 기대감으로 충만한 행진이었지만, 다른 한편으로 견디기 어려운 힘든 고행이기도 했다.

야전병원은 우리가 일반적으로 아는 병원 건물이 아니었다. 병실과 수술실은 때로 초가집에 차려지기도 했고, 학교였던 건물, 누군가의 집, 반파된 건물들에 들어설 때도 많았다. 바다 위 조각배 위에서 부상자들을 치료해야 할 때도 있었다. 무엇보다 어려운 것은 퇴각하는 북한군과 마주쳐 그들과 총격전을 벌이는 와중

안봉화가 국가로부터 받은 훈장. 안봉화는 6·25전쟁의 영웅이었다.

에 부상자들을 치료하고 후송하는 일이었다. 그렇게 10월 중순 원산에 도착할 때까지 제3야전병원의 북진은 계속되었다. 이제 원산을 넘어가면 함경도와 개마고원이 그들을 기다리고 있었다. 안봉화를 비롯한 군무원들은 마음을 다졌다. 이제 정말 어떤 일이 그들 앞에 일어나게 될지 알 수 없는 일이었다.

그런데 그때 상황이 바뀌었다. 야전병원의 일반인 군무원들은 더 이상 북진에 참여하지 말라는 명령이었다. 사실 함경도 일대 산악지대는 너무 위험했다. 군인들이야 상관없지만, 군무원들에게는 다른 이야기였다. 상부에서 명령이 내려왔다. 안봉화를 비롯한 군무원들을 부산의 제3육군병원으로 배속한 것이다. 안봉화는 다시 부산으로 내려왔다. 그리고 거기서 국군병원 운영에 대한 새로운 소식을 들었다. 군무원 의료진들을 정식으로 임관시켜 군대에 편입한다는 것이었다. 그 소식과 함께 안봉화는 서울로 올라갔다. 간호장교로 임관하는 절차를 밟기 위한 것이었다.

그런데 서울에서 뜻밖에 만난 경북대학교 병원 의사 송진언은 임관하려는 그를 만류했다. 송진언은 경북대학교 병원 시절 안봉화와 친했다. 그는 전쟁이 터지면서 군의관이 되어 있었다. 송진언은 안봉화가 할 만큼 했으니 충분하다고 조언했다. 송진언은 안봉화에게 이제 군인병원에서 수고하는 일은 그만해도 된다고 말하며, 직접 통행증과 증명서를 써주고 대구로 돌아갈 수 있도록 했다. 안봉화는 한편으로 아쉬운 마음이 들기도 했다. 이렇게까지 고생하며 왔으니 간호장교로 근무하며 국가를 위해 봉사하고 헌신하는 것도 나쁘지 않겠다는 생각이었다. 그러나 다른 한편으로는 고향으로 돌아가 두고 온 조카와 가족들을 만나고 싶다는 생각도 들었다. 이번에는 두 번째 마음이 크게 작용했다. 안봉화는 송진언이 만들어준 통행증과 증명서를 들고 포항으로 돌아왔다.

전쟁이 계속되는 가운데 안봉화는 포항 언니 집에 머물며 한동안 포항병원이 다시 개원하기를 기다렸다. 그러나 병원 개원은 어려웠다. 사람과 물자 모든 것이 부족하던 시절이니 당연했다. 무엇보다 중공군의 개입으로 벌어진 국군과 유엔군의 후퇴는 사람들의 마음을 흉흉하게 했다. 안봉화로서는 포항에서는 무엇을 할 수도 없었고 무엇을 하기도 어려웠다.

결국 안봉화는 대구로 돌아와 경북대학교 병원에 다시 자리를 잡았다. 다행히 경북대학교 병원은 그의 손길이 간절했다. 안봉화는 대구에 다시 정착하고서 거기서 한동안 수간호사로 일했다. 그러나 그가 살던 시대는 그를 그렇게 안정적인 대학병원에 계속 머물도록 두지 않았다. 그렇게 하기에는 안봉화는 마음이 큰 사람이었고 꿈이 큰 사람이었다.

경북대학교 병원에서 안봉화는 자기 역할에 충실한 사람이었고 사람들을 잘 이끄는 탁월한 지도자였다. 병원 안팎의 문제는 모두 안봉화의 손길 가운데 평안하게 되었고 이러저러한 사람들 사이 분쟁과 갈등은 안봉화의 노력으로 화해와 화평의 길로 나아가게 되었다. 안봉화는 병원의 산실産室을 도맡게 되었다. 어디를 가도 주어지는 과제와 업무는 멋지게 해결하고 일구는 사람이니 병원으로서는 당연히 산부인과 간호 문제를 안봉화에게 맡겼다. 안봉화는 이후 결혼하기까지 약 1년 정도 경북대학교 병원의 산부인과의 중요한 책임을 맡게 된다.

1951년 11월 안봉화는 드디어 결혼하게 된다. 뒤에서도 이야기하겠지만 안봉화 일생에서 결혼은 일종의 잠금장치를 새로 장착하는 것과 같은 일이었다. 시댁 어르신들을 모시는 일과 시댁의 모든 일들을 떠맡아야 하는 일, 남편을 섬겨야 하는 일과 이어서 자녀들을 키워야 하는 일 등은 모두 의료인으로서 안봉화의 일생에 일종의 제약과 같은 일들이 되어버렸다. 그러나 안봉화는 그런 현실에 주저앉거나 좌절하는 사람이 아니었다. 결혼해 가정을 일구게 된 안봉화에게 그 모든 현실은 하나의 도약대와 같은 것이었다.

결혼하면서 안봉화는 다니던 경북대학교 병원을 그만두고 자기 이름을 건 '안봉화조산원'를 차리게 된다. 결혼한 지 13일 만의 일이었다. 1950년대에 대한민국 땅의 어느 새댁이 생각해 내기 쉽지 않은 행보였다. 처음 결혼해 들어간 시댁은 어렵게만 보였다. 그러나 그의 눈에 남편과 시댁은 곧 인생의 가림막이 아니라 디딤돌로 보이게 되었다. 남편이라는 그늘이 생기고 시댁이라는 기반이 주어지자, 그는 곧 일반 사람들을 우월하게 넘어서는 큰 사람으로 단번에 도약해버렸다.

성경의 막달라 마리아를 한낱 병에 걸리고 귀신 들린 여인으로 생각해서는 안 된다. 여자들이 이름조차 드러낼 수 없던 시절에, 아버지와 남편과 아들의 이름 아래 자신을 가려야 했던 시절에 막달라 마리아는 당당하게 자신을 '막달라라는 도시의 그 유명한 마리아'라는 사실들 드러냈다. 안봉화 역시 마찬가지였다. 그는 이제 안씨 집안의 다섯째 딸이 아니라 나씨 집안의 맏며느리가 되었다. 그렇게 신분이 바뀌자 곧 그는 자기 이름을 앞세워 사업을 차렸다. 기회를 선용하는 사람, 이 모습이야말로 우리가 아는 안봉화의 진정한 모습이다.

조산원은 날로 번창했다. 당연했다. 전쟁이 끝난 이후 1950년
대 한국 사회는 폭발적인 인구 증가를 경험하게 된다. 가히 핵폭
발과 같은 추세는 1970년대 초반까지 이어지게 된다. 조산원이
크게 되는 것은 당연했다. 그렇게 안봉화가 조산원을 운영하던
근 10여 년 동안 그의 의료 사업은 날로 커갔다. 더불어 안봉화의
이름도 널리 알려지게 되었다. 그 사이 안봉화는 대한조산원협회
에 가입하고 거기서 나름의 지위를 얻었다. 임원이 되기도 했다.
조산원을 시작하면서 더불어 대외적인 명예도 얻기 시작한 것이
다. 확실히 자기 이름을 드러내는 일은 잘만 되면 크게 성공하는
일로 이어지게 된다.

놀랍게도 이 시기 안봉화는 학업에 관한 열정도 불태웠다.
1957년 안봉화는 대구사범대학에 입학해 공부하고 1961년 학
교를 졸업해 초등교사 자격증을 취득했다. 이미 만학이라고 할
수 있는 나이임에도 안봉화는 교사가 되기 위한 전 과정을 차분
히 마치고 마침내 누군가를 가르칠 수 있는 교사로서 자격마저
취득하게 된다. 이후 안봉화는 '안신의원'安信醫院을 운영하기도 한
다. 의사인 조카 내외가 운영하던 병원을 넘겨받아 직접 운영한
것이다. 사업적으로 볼 때 조산원과 의원의 동반 상승은 훌륭했
던 것으로 보인다. 이 시기 대구에서 안봉화 조산원과 안신의원
은 꽤 유명하게 되었다. 일취월장日就月將이라고, 안봉화는 이 시기

말 그대로 날마다, 달마다, 그리고 해마다 다르게 성장하는 사람이었다.

그러나 안봉화는 조산사, 간호사, 의료인의 길에서 한계를 보았다. 조산사도 그렇지만 간호사 자격으로 의원을 운영하며 직접 환자들을 진료하는 일이 점차 어렵게 되었기 때문이다. 해방되고 전쟁을 치르는 과정에서 한국 사회는 의사가 아닌 의료계에 관계된 사람들이 의원을 열고 진료하는 일들이 많았다. 그러나 1960년대를 지나면서 그런 일들은 점차 어려워지게 되었다. 국가에서 의료 체계를 정비하면서 이런 일들을 근절하기 시작했다. 비슷한 상황은 조산원도 마찬가지였다. 조산원이 하던 일들은 점차 산부인과를 전공한 의사들이 대체하기 시작했다. 안봉화는 이런 한계 상황에서 또 다른 기회를 엿보기 시작했다.

그러나 간호사와 조산사로서의 자격증이 갖는 한계가 그를 물러서거나 주저앉게 하지는 못했다. 안봉화는 이즈음에 우리 사회의 변화에 주목하기 시작했다. 그가 가장 먼저 그리고 주도면밀하게 지켜본 것은 의료 행위를 돕는 일을 위한 인력을 양성하고 확충하는 문제였다. 1960년대를 지나면서 우리나라의 의료 상황에서 절대적으로 필요한 것은 '간호 보조 인력'이었다. 일제강점기부터 체계화된 간호 인력 구축과 양성은 이미 공공화된 대학들에서 이루어지고 있었다. 그러나 우리 사회는 여전히 의료 시스템을 떠받쳐 줄 보조적 의료 인력이 절대적으로 필요했다. 가장

큰 문제는 간호사들을 독일에 파견한 데서 발생한 간호 인력의
부족 상황이었다.

당시 간호조무사를 양성하는 기관은 전국적으로 몇 개가 되지
않았다. 광주에 간호학원이 하나 정도 운영되고 있을 뿐이었다.
전문 대학을 졸업한 간호사들이 감당하면 될 일이라 생각하고 안
일하게 대처한 결과였다. 안봉화는 이런 현실에 착안해 자신의
이름으로 된 두 번째 사업을 벌이기로 마음먹었다. 그리고 얼마
간의 준비 기간을 거쳐 1967년에 수성간호학원을 설립했다.

학원 자리는 잘 알고 지내던 수성의원의 권동철 원장이 제공했
다. 교육과정과 수업 진행은 안봉화가 맡았다. 그동안 쌓은 대구
및 경북 일대의 의료 인력들이 학원의 강사로 함께해 주었다. 9
개월을 공부시키고 국가고시를 보도록 했다. 이렇게 해서 안봉화
의 혜안은 다시 한번 빛을 발했다. 그의 학원은 그야말로 문전성
시를 이루었다. 많은 젊은이가 그가 운영하는 학원을 통해 간호
조무사 자격을 취득하고 각 지방의 병원과 의원으로 취직해 나갔
다. 수성간호학원 졸업생의 취업률은 백 퍼센트였다. 안봉화의 간
호학원을 졸업하고 안봉화를 선생님으로 평생 섬기던 이문주 권
사는 안봉화의 학원에 다니던 시절 소회를 이렇게 밝힌다.

여성이 먹고살기 힘들던 시절, 여성이 취업하기 쉽지 않
던 시절, 선생님의 혜안과 지도는 저 같은 사람들에게 큰

안봉화가 설립한 청주간호학원. 지금도 안봉화가 세운 건물은 같은 자리에 서 있다.

힘이 되었습니다. 선생님은 저 같은 학생들의 공부와 졸업 그리고 취업과 정착에까지 지극한 관심을 두셨어요. 선생님은 학원 학생들이 졸업해 사회로 나가는 길까지 관심을 두고 그들이 세상에서 잘 정착하게 되기를 위해 애쓰고 노력하셨어요. 저는 그런 선생님에게 늘 감사의 마음을 품고 살고 있습니다. 오늘까지의 저를 만들어주시고 이끄신 분은 선생님이셨어요.

이렇게 그의 학원 사업이 새롭게 자리 잡게 될 즈음 안봉화는 뜻밖의 공문 하나를 받게 된다. 충청북도 도청으로부터 부족한 간호 인력을 충원하도록 협조해 달라는 공문이었다. 안봉화는 곧 청주로 갔다. 대구의 학원을 졸업한 대구 청년들이 청주나 충주로 가게 되면 제대로 된 대우를 받게 될지를 따져 보기 위한 것이었다. 그런데 거기서 그는 뜻밖의 인물을 만나게 된다. 당시 충청북도 도지사인 정해식이었다. 정해식은 그와 함께 대구 경북대학교 병원에서 함께 근무한 의사였는데 전쟁 중에 군의관이 되었다가 이후 계속해서 군대에 남았다. 그리고 5·16 군사혁명 후 군내 의무와 관련해 여러 요직을 감당하다가 충청북도 도지사가 되었다.

정해식은 대구 시절부터 믿어 의심치 않던 사람 안봉화에게 자기가 지원할 테니 청주에 학원을 열어 보라고 권유했다. 안봉화로서는 눈과 귀가 열리는 제안이었다. 당시 안봉화의 대구 학원은 수성의원 등 몇 사람의 동업 관계로 운영해 왔었다. 안봉화는 정해식의 제안에 자신에게 새로운 시대가 열릴 것을 직감했다. 그는 곧 대구의 학원을 정리해 동업하던 사람들에게 넘기고 청주로 넘어와 새로 간호학원을 열게 된다. 안봉화는 그때 마음을 이렇게 기록으로 남기고 있다.

나는 당시 대구에서도 시청 아동복지과에서 영유아 탁아소를 설립해 줄 테니 운영해 보라고 하던 중이었고, 간호학원, 조산원 등으로 대구를 떠날 수 없는 상황이었으나 기도하면서 생각해 보니 타인과 동업한다는 것도 바람직하지 않고, 나중에 어떤 어려움을 당할지도 모르니 이때쯤 손을 떼고 혼자 독립하는 것도 주님의 뜻이라고 생각되어 청주로 오기로 결심하였다.

안봉화는 어쩔 수 없이 시대의 사람이었다. 동시에 그는 봉황으로 날아오르는 길을 찾아 나선 비상한 사람이기도 했다. 어린 시절 그가 살던 선산 사람들이 봉황이 날아오르는 것을 막았듯, 그가 살던 시대 역시 그의 인생 꿈과 비전을 가로막는 장애물들로 작용했다. 그는 그렇게 일제강점기를, 한국전쟁의 시기를, 그리고 결혼 생활과 대구에서의 삶을 이어갔다. 그러나 안봉화는 시대의 그저 그런 사람이 아니었다. 그는 자기의 시대가 그 인생길에 장막으로, 담으로, 걸림돌로 작용할 때마다 그 만의 특별한 기지로 돌파구를 마련했다. 그는 주어진 어려운 길이 그에게 고난을 줄지언정 그것이 끝이 되게는 하지 않는 그런 종류의 사람이었다.

누군가는 가는 길에 놓인 담을 비관적인 눈으로 바라보지만, 누군가는 그 담 아래 놓인 돌에 관심을 기울인다. 담을 보는 사람은 길이 끊어졌다고 생각하고 돌아서지만, 그 아래 돌을 보는 사람은 그 돌을 통해 담을 넘어 길을 계속 가려고 궁리한다. 자동차의 세계를 연 미국의 기업가 헨리 포드Henry Ford는 이렇게 말했다.

"장애물은 우리가 목표를 향해 부릅떴던 눈을 감았을 때, 그때 우리 앞에 나타나 우리를 두려움에 떨게 만드는 것들이다." 헨리 포드의 말에 비추어 볼 때, 안봉화는 그가 겪어온 시대를 두려운 대상으로 보기보다는 넘어서기 좋은 도약대로 보았다. 안봉화는 그의 인생에 주어진 막힌 길을 넘어설 무엇으로 보았지, 그의 인생 길의 끝으로 보지 않았다. 안봉화는 그의 시대를 온몸으로 겪으며 살았지만 동시에 그 시대를 넘어서 더 높은 곳을 향해 나아가려는 의지와 정신, 실천이 투철했던 사람이었다.

모두를 품은 성심 誠心
안봉화 평전

安奉花
1926~2022
___

사명의 사람

청주대학교경영대학원 졸업식장에서 안봉화

안봉화는 안봉화만의 독특하고 예리한 길을 걸었다. 그것은 오직 하나님 한 분만을 앞세워 모두를 사명이 성취되는 자리까지 함께 가도록 이끄는 일이었다

예수님께서는 천국에 대해 이렇게 말씀하셨다. "천국은 마치 밭에 감추인 보화와 같으니 사람이 이를 발견한 후 숨겨 두고 기뻐하며 돌아가서 자기의 소유를 다 팔아 그 밭을 사느니라."마 13:44 예수님의 말씀처럼 천국은 그 값어치를 아는 사람들의 것이다. 천국의 값어치를 아는 사람들은 그것을 얻기 위해 자신이 가장 귀하게 여기는 것들, 심지어 자기가 가진 모든 것을 다 팔아 자신이 진정 가치 있다고 여기는 천국에 투자한다. 그래서 존 파이퍼John Piper 목사는 이 말씀에 대한 해석을 다음과 같이 덧붙였다. "하나님의 나라는 다른 모든 것을 희생해서라도 얻을 만한 가치가 있다는 것을 아는 사람들의 것이다."

과연 안봉화는 하나님 나라의 값어치를 잘 아는 사람이었다. 안봉화는 간호사로서 조산사로서 그리고 교사로서 그리고 경영 진단사로서 자격을 얻은 이래 평생에 여러 가지 사업을 하고 여러 가지 명예로운 일들에 참여했다. 그 가운데 몇 가지만 이야기하면 이렇다. 안봉화는 당시 활동이 많았던 대한조산업협회에 참여해 임원이 되고 충청북도 지부를 이끄는 역할을 감당하기도 했다. 이외에도 안봉화는 비교적 젊은 나이였던 1945년부터 '대한부인회'에 참여해 해방된 나라 부녀자들의 계몽과 교양 그리고 건강 문제를 위해 헌신했다. 5·16 이후 박정희 정권에서 '대한부인회'의 역할은 많이 축소되었지만, 이후에도 조직은 '한국부인회'로 이름을 새롭게 해 활동을 이었다. 안봉화는 이후에도 계속이 조직에서 활동했는데, 1974년부터 1993년까지 충청북도 지부장으로 봉사했다. 이것뿐이 아니다. 안봉화는 여성 지도자들의 모임인 전문직여성한국연맹BPW 대구지회 창립 회원이기도 하다. 이후에도 안봉화는 대구와 청주 등 그가 사업을 위해 활동하던 지역에서 자신도 자랑스럽게 여기는 YMCA 활동에 적극적으로 참여했다. 그래서 각각 지역에서 이사로 또 부회장으로 지도자의 역할을 감당했다. 안봉화는 자기 분야에서 괄목할만한 모습을 드러내고 그것으로 세상 사람들 사이에 우월한 위치를 선점하는 일에 능숙했다. 그는 그렇게 세상을 선도했다.

안봉화는 이 모든 활동을 단순히 자기 명예를 앞세우는 일로만 여기지 않았다. 안봉화는 다양한 활동을 통해 사람들을 만나고 무엇보다 시대적인 안목을 넓혔다. 한국부인회 활동이나 혹은 YMCA 활동은 시대나 세상이 변화해 가는 양상을 읽도록 도왔고 그 가운데 여성이 해야 하는 일, 할 수 있는 일들에 관해 많은 정보와 지식을 축적할 수 있었다. 그 모든 것은 당연히 여성들을 위한 사업들에 아이디어로 활용되었다. 특히 대구와 청주에서 벌인 간호학원에 다양한 교육 프로그램을 세팅하는 일에 긴요했다. 실제로 한국부인회의 활동은 안봉화의 여러 사업에 중요한 전략적 자원이 되어 주었다. 60년대와 70년대 산업화하면서 빠른 성장을 이루던 시절, 한국부인회는 국민의 식생활 개선 문제나 혹은 건강한 소비문화 정착을 선도하는 역할을 감당했다. 특히 여성과 가정의 건강과 위생 문제에 관한 활동이 많았는데, 전국 단위 임원들과 회원들을 대상으로 하는 세미나도 많이 열렸다. 이런 기회들이 안봉화의 사회적인 지평을 넓혀주고 그의 사업적인 감각을 예민하게 유지할 수 있도록 했다는 것은 더 말할 필요가 없다.

확실히 안봉화는 사회성이 좋았고 조직 활동에서 강한 면모를 보였다. 시대를 거스를 수 없어 남자들이 주를 이루는 모임이야 어떻게 할 수 없다고 해도, 남녀가 구분되지 않는 조직 활동이나 혹은 여성이 주로 모이는 모임과 조직에서 안봉화는 여지없이 그 진가를 발휘했다. 안봉화는 모든 면에서 자기 주도적인 면이 있었고, 그것을 감추지 않았으며, 자기의 주도적인 역할이 그가 하는 모든 일에서 제대로 빛을 발하도록 했다. 무엇보다 그는 자신이 하는 일들이 자기에게만이 아니라 동참하는 모두에게 이득이 되도록 하는 방식에 탁월했다.

그런데, 우리는 이런 대사회적 참여와 역할의 탁월함에서 안봉화의 참된 모습을 볼 수 없다. 사실 안봉화는 그가 벌인 사회적인 봉사와 활동을 자랑하거나 드러내지도 않았다. 그 많은 업적, 상장과 훈장들을 가지고 있으면서도 안봉화 자신에게는 그것들보다 더 중요한 것이 있다고 말해왔다. 안봉화는 사회적으로 사람들에게 관심을 얻고 명예를 얻어 소위 '부귀'를 누리는 일에 별다른 관심을 보이지 않았다. 그가 얻은 상패들은 그가 하나님 은혜 아래 얻은 것들을 세상과 사회에서 잘 소화해 낸 것에 대한 당연한 보상이었다.

안봉화에게 진정한 관심은 하나님 나라의 일들이었고 교회의 일들이었다. 안봉화는 어려서부터 항상 교회의 일과 하나님의 일을 앞세워왔다. 그것은 어머니에게서 물려받은 유훈과도 같은 것이었다. 어머니는 딸들에게 항상 하나님 나라의 일과 교회의 일이 삶의 중심이 되도록 하라고 말씀하셨다. 그리고 그것을 당신 스스로 모범을 보이며 훈련하게 하셨다. 그렇게 안봉화는 하나님 나라를 확장하는 일과 교회를 위해 충성하는 일이 자연스레 몸에 배게 되었다. 어려서 다니던 선산교회에서나 혹은 이후 만주 신경에서 다니던 감리교회에서도 그는 항상 교회를 자기 삶의 중심에 세워두었다. 경북대학교 병원과 포항의 도립병원에서 근무할 때도 마찬가지였다. 안봉화는 항상 교회가 자기가 하는 일 모든 것에서 우선이 되도록 해 두었다. 그래서 경북대학교 병원에서 간호사로 일할 때 그는 간호과장과 윗사람들에게 주일 예배와 교회 봉사를 위해 자신을 배려해 달라는 부탁을 잊지 않았다.

교회를 위한 충성은 결혼한 이후에도 이어졌다. 안봉화는 인생 최고의 행운을 신앙심 좋은 사람을 신랑으로 두게 된 것이라고 말했다. 남편 나영기는 그런 사람이었다. 그는 천사 같은 사람이었다. 안봉화는 남편 나영기와 만나 결혼한 후 다니던 대구중부장로교회로부터 대구 봉산성결교회로 적을 옮겼다. 그리고 거기서 집사를 받고 여전도회 회장으로 섬기며 충성스럽게 교회 생활

안봉화가 남편 나영기와 함께 충성하고 봉사했던 봉산성결교회

을 이었다. 봉산교회로서는 나영기와 함께 천군만마千軍萬馬를 얻은 격이었다. 두 사람의 헌신으로 교회는 더욱 부흥했다.

　봉산교회는 대구와 경상북도에서 성결교회의 중심 역할을 하는 곳이었다. 온갖 무속신앙이 난무하고 유교적인 전통을 앞세우는 고장 대구에서 봉산교회는 장로교가 아닌 성결교회의 독특한 색채를 드러내며 무난히 정착했고 부흥했다. 1952년 부임한 오영필 목사의 헌신적인 사역은 교회가 크게 성장할 수 있는 기반을 마련했고 1967년 부임한 홍순우 목사의 열정적인 사역과 이후 송기식 목사의 수고로 교회는 대구 지역의 주요 교회로 성장했다.

사실 이 시기 안봉화는 교회 일 말고도 해야 할 일이 너무 많았다. 그는 조산원을 운영했고 의원도 운영했으며 집과 세간을 늘리는 일에 큰 노력을 기울여야 했다. 그러는 사이 한국부인회 활동과 YMCA 활동도 쉬지 않고 이어갔다. 그뿐이 아니었다. 그에게는 섬겨야 할 남편과 그리고 시댁 식구들이 있었다. 무엇보다 그에게는 자녀들이 있었다. 전에 혼자서 만 개의 일을 감당하던 시절과는 사뭇 다른 상황이었다. 이때 안봉화의 삶은 새벽부터 밤늦은 시간까지 눈코 뜰 새 없는 세월이었다. 누군가는 집안이나 잘 보전하고 자기 가꾸는 일이야 해야겠다는 생각으로 세상모든 일을 접고 자식 키우는 일과 남편 섬기는 일, 시댁 봉사하는 일에만 관심을 쏟으려 했을 것이다. 그러나 안봉화는 그렇게 평범하게 살지 않았다. 안봉화는 하나님께서 자기에게 주신 그 모든 삶의 지경地境을 지키고 확장하고 아름답게 하는 가운데 풍성한 결실이 나도록 하는 일에 최선을 다했다.

그 모든 바쁜 세월에 교회는 안봉화에게 여전히 중심이었다. 안봉화는 제아무리 바쁜 일이 있어도 교회를 위한 일이라면 그것을 우선했지, 집안일이나 사업이나 세상일을 앞세우지 않았다.

시댁 식구들도 그런 안봉화를 결국 받아들이게 되었다. 아이들에게는 그런 어머니의 모습 자체가 귀한 신앙교육이었다. 삶의 범위를 확장하고 심화하던 시절, 안봉화는 교회가 삶의 중심이어야 한다는 생각을 변함없이 지켰다. 안봉화는 그렇게 남편 나영기와 함께 봉산교회 성장과 부흥의 시대, 견인차와 같은 역할을 감당했다. 나영기는 교회의 중책을 맡은 장로로서, 안봉화는 충성스러운 집사로 교회의 부흥과 성장을 위해 헌신했다.

봉산교회에서 부부의 사역은 훌륭했다. 1970년에 들어와 봉산교회는 말 그대로 부흥과 성장을 거듭했다. 이제 더는 옛 교회 건물로 감당할 수 없을 만큼 성도들이 늘었다. 늘어나는 성도들의 숫자에 비해 교회 공간은 턱없이 부족했다. 어른들의 주일 낮 예배도 그렇지만 중고등부 학생회와 청년들 모임, 어린이들을 위한 모임에 어려움이 많았다. 예배와 활동 공간이 그렇다 보니 목회자를 위한 공간은 생각조차 할 수 없었다. 훗날 기독교대한성결교회 총회장이 되는 홍순우 목사는 결국 교회를 새로 짓기로 결단했다. 그렇게 목회자의 결단이 있자 안봉화의 장로인 나영기는 곧 사업 시행에 들어갔다. 홍순우 목사와 함께 공동 건축위원장이 되어 일을 진행했다. 이제는 고인이 되신 홍순우 목사는 그렇게 시작된 봉산교회 건축에 대해 이런 일담을 남겼다.

교회 건축위원회가 조직되고…. 나영기 장로님께서 위

원장직을 맡아서 십자가를 졌다. 제일 먼저 건축을 위해 자기네 집 한 채를 팔아 건축헌금을 내고 앞장을 섰다…. 이 모든 일의 진행 과정에는 언제나 나영기 장로님 그리고 그 뒤에 안봉화 권사님께서 계셨다. 그리고 그분이 그런 일이 그렇게 되도록 적극적으로 이끌어 주신 결과가 바로 봉산교회 건축이었다. 내가 허술하고 부족한 것이 많으니까 완벽하고 원만하고 훌륭한 나영기 장로님과 안봉화 권사님을 붙여 주셨다.

사실 그 시절 안봉화는 청주에 간호학원을 세우고 운영하는 문제로 청주로 이사를 하고 남편 나영기만 대구에 남아 있었다. 안봉화는 한편으로 어려움이 많으리라 예상했지만, 남편과 홍순우 목사의 건축 추진에 적극적으로 지지했다. 그리고 하나님께서 이 모든 일을 친히 이루시리라는 확신을 품었다. 그런데 자재를 들이고 건축이 진행되는 가운데 교회 안에 그만 잡음이 생겼다. 몇몇 중진들이 건축을 반대하기 시작한 것이다. 사람들은 주일에 예배드리기 위해 대구로 온 안봉화에게 이렇게 말했다. "지금이 어느 때인데 교회 건축을 합니까. 남편 나 장로님 좀 말리세요." 그때 안봉화는 자기 옷소매를 잡은 집사에게 이렇게 말했다. "지금 이 교회 가지고는 부흥은커녕 점점 고사하고 말 것입니다. 저는 이 건축을 찬성합니다. 집사님 말씀을 들으니 내가 여기 머물면서 반대하시는 분들 설득 좀 해야겠군요." 안봉화를 붙잡고 반대 의견을 늘어놓던 집사는 붙들던 손매를 놓았고 오히려 안봉화에게 설득당하고 말았다.

그러나 교회 건축은 실제로 쉬운 일이 아니었다. 안봉화가 청주에서 자리를 잡는 동안 나영기는 어렵게 건축위원의 역할을 감당했다. 안봉화는 그런 남편을 말리기도 했지만, 나영기의 교회 사랑은 안봉화를 훨씬 넘어서는 것이었다. 안봉화는 교회에 열심인 남편을 말리지 못했고 또 그렇게 하는 것이 교회와 하나님의 일을 위해 옳은 것이라 여겼다. 그렇게 나영기는 온 힘을 기울여 섬기던 봉산교회 건축에 매진했고, 1975년에 마침내 봉산교회는 꿈에 그리던 건축을 완성하게 된다. 봉산교회 성도들의 헌신과 노력도 그렇지만 나영기의 헌신과 안봉화의 지원이 이루어낸 하나님 나라의 '쾌거'였다.

사실 나영기를 만나 결혼하고 살면서 안봉화의 교회에 관한 생각은 많이 바뀌었다. 남편을 만나기 전 안봉화는 주로 어머니의 영향 아래 열심히 교회 생활을 했다. 그것은 당대 많은 신앙의 여성들이 그랬던 것과 다르지 않은 그런 종류의 열심이었다. 주어진 일에 최선을 다하고 맡겨진 책임에 마음을 다해 봉사하는 것, 그것이 그 시절 여성 성도들이 주로 보이는 덕스러운 모습이었다. 안봉화 역시 다르지 않았다. 남편과 함께 봉산교회에서 신앙 생활을 하는 내내 안봉화는 교회의 일에 대해서는 일단의 '수동적인 열심'에서 벗어나지 않았다. 열심히 교회 일을 하고 봉사했지만, 그것은 어디까지나 남편이 하는 일의 조력이며 남편이 펼치는 일을 뒷받침하는 열심이었다.

그런데 남편 나영기는 다른 사람이었다. 그는 하나님의 일을 하되 시키지 않을 일도 열심히 했고, 보이지 않는 곳에서도 충성했으며, 남들이 하지 않는 일조차 최선을 다해 헌신했다. 사실 안봉화는 그런 남편의 열심을 온전히 이해하지 못했다. 그래서 봉산교회 건축위원장이던 시절 남편에게 너무 열심히 하지 말라고 핀잔을 주기도 했다. 그러나 나영기는 아랑곳하지 않았다. 그는 자기만의 신앙 세계가 있었다. 그는 누가 뭐라 해도 자기에게 주어진 길을 신실하게 나아갔다. 그리고 안봉화는 그런 남편을 뒤따르며 늘 '저렇게까지 열심히 하지 않아도 되리라'라는 마음을 품고 살았다.

그런데 그 모든 생각이 뒤바뀌는 일이 일어났다. 1975년 봉산 성결교회 건축을 마치고 청주로 완전히 넘어와서 서문교회에서 열심히 신앙생활을 하던 남편은 스스로 교회를 개척하겠다고 나섰다. 나영기는 세상에서 가장 보람된 일은 교회를 개척하는 일이라고 말하면서 늘 기도했다. 그리고 스스로 기도 응답을 얻어 1977년 5월 19일에 부인 안봉화가 운영하던 간호학원 2층에서 '청광교회'를 개척했다. 안봉화는 남편 나영기에게 그렇게까지 해야겠느냐고 했지만, 나영기의 소신은 꺾이지 않았다. 나영기는

안봉화의 남편 나영기가 장로가 개척해 세운 청광교회 오늘의 모습

하나님의 부르심에 혼신으로 응답했다.

　교회를 개척한 후 나영기는 온전한 청광교회의 사람이 되었다.
열심히 있는 전도사님을 청빙해 담임 교역자로 모신 후, 나영기
는 교회 부흥을 위해 그리고 교회 건물 건축을 위한 대지 마련을
위해 부지런히 다녔다. 그러는 사이 새벽기도와 수요예배 그리고

금요철야기도회를 빠지지 않았고 금식을 많이 했다. 밥을 먹는 것보다 금식하는 날들이 더 많았다. 나영기는 정말 부지런히 그리고 열심히 교회를 위해 헌신했다. 그리고 그 일을 정말 기뻐했다. 나영기는 자녀들에게도 안봉화에게도 지금처럼 기쁘고 즐거울 수가 없다고 말했다.

그러나 에녹을 너무 사랑하셔서 하나님께서 그를 "세상에 있지 않게"창 5:24 하셨듯이, 나영기 역시 하나님께서 너무 사랑하신 나머지 그 영혼을 일찍 데려가시고 말았다. 나영기는 자신이 개척한 청광교회를 위해 수고하고 헌신하던 1977년 8월 5일 세상을 떠났다. 하나님께서는 당신의 소중한 나영기가 세상에서 고생하며 수고하는 것을 더 이상 보지 않으시고 그의 영혼을 당신의 평안한 품 안을 인도하셨다. 안봉화는 교회를 위해 동분서주하던 남편이 병을 얻어 자리에 눕자 당황했다. 안봉화는 병원에 누운 남편 나영기를 지극정성으로 보살폈다. 그러나 살리고자 하는 그의 마음보다 데려가고 싶어 하시는 하나님의 마음이 더 컸다. 나영기는 결국 안봉화의 무릎에 머리를 기대고 찬송가 455장 '주 안에 있는 나에게'를 부르는 아내의 목소리를 들으며 하늘로 갔다.

안봉화는 떠나는 남편을 하염없이 바라보았다. 아직 함께 살날이 더 있을 것 같았는데, 황망하게 떠난 남편의 얼굴을 어루만지며 울었다. 그의 마음 한쪽에 교회를 위해 고생하다 떠난 남편이라는 생각이 슬그머니 올라왔다. 그러나 그는 기도하며 그 못된 마음을 억눌렀다. 그날 안봉화는 남편의 교회를 향한 마음, 그 수고와 헌신의 정체를 깨달았다. 남편이야말로 하나님께서 에녹처럼 데려가신 것이라는 믿음의 사실을 받아들였다. 그리고 마지막까지 고결한 신앙의 길을 깨닫게 한 하나님께 그리고 남편을 위해 감사의 기도를 드렸다.

남편 나영기 장로가 기도로 남긴 청광교회는 이후 한동안 흐지부지 자리를 잡지 못했다. 안봉화는 남편이 하나님의 뜻에 순종해 세운 교회가 그렇게 되어서는 안 되리라 생각했다. 안봉화는 마음을 다잡고 청광교회를 본 궤도에 올리는 일에 최선을 다했다. 안봉화는 기도하는 가운데 남편이 찾던 건축 부지를 계속 찾았다. 그리고 마침내 청주시 영운동에 자리를 마련했다. 1983년, 그러니까 남편이 그렇게 떠나고 5년이 지나서 안봉화는 남편이 세운 청광교회를 번듯하게 지어 올리고 그 교회를 하나님께 온전히 드렸다. 안봉화는 이제 사업이 아니라 하나님 나라의 일을 누군가의 지시가 아닌 자신의 의지로 일구는 진정한 하나님의 사람이 되었다. 지금 청광교회는 또 한 번의 건축을 은혜롭게 마치고 청주시의 중견교회로 자리 잡았다. 나영기 장로가 하늘에서 크게 기뻐할 일이다.

이후 안봉화는 교회 내외에서 하나님의 뜻에 순종하면서, 사람들 사이에 은혜와 덕德이 되는 사역, 그러면서 본인의 의지를 흔들림 없이 펼쳐가는 사역을 시작한다. 이전에는 수동적인 자세로 주어진 과제만 수행하는 수준에 머무르는 정도가 그의 교회 봉사 방식이었다면, 이제는 하나님께 기쁨이 되고 함께하는 이들에게 행복이 되는 가운데 본인이 주도적으로 일을 풀어가는 방식을 찾기 시작한 것이다.

안봉화는 먼저 개혁 개방이 시작된 중국 만주 일대에 성결교회를 새롭게 개척하고 선교하는 일에 관심을 가졌다. 1980년대 말 올림픽을 치르고 노태우 정권이 들어선 이래 우리나라는 중국과 러시아를 향한 새로운 외교 정책을 펼치고 있었다. 그 시절 러시아는 옛 소련의 체제가 붕괴하고 새로운 러시아 체제로 전환하는 상황이었고, 중국 역시 공산주의를 유지하면서도 개혁과 개방을 기조로 하는 새로운 국가 시책을 마련하고 있었다. 우리나라는 이런 세계판도 변화에 기민하게 움직였다. 그리고 중국과 외교를 수립했다. 이제 중국과 자유로운 왕래가 가능해진 것이다.

안봉화는 변화에 주목했다. 그리고 중국의 개혁과 개방에 발맞추어 우리의 해외선교도 새로운 국면으로의 전환이 필요하다는 것을 절감했다. 그때 안봉화는 자신이 오래전 유학하고 공부하며 생활했던 만주 땅을 떠올렸다. 안봉화가 공부하던 시절, 만주에는 기독교 교회들이 많았다. 성결교회 역시 만주 여러 곳에 교회를 개척해 선교활동을 벌이고 있었다. 가장 유명한 곳은 간도間島라 불리던 땅 연변延邊의 항일 운동으로 유명한 용정龍井에 있던 '용정 성결교회'였다. 안봉화 자신도 신경지금의 장춘에 있는 감리교회에 출석했었다. 안봉화의 마음에 하나님께서 자기를 사용하셔서 만주의 교회들을 회복하는 일에 헌신하게 하시리라는 생각이 들었다. 안봉화는 당장 하나님께 감사 기도를 드리고 그 일을 실행에 옮겼다.

그러나 교회 개척이나 선교라는 것이 홀로 할 수는 없는 일이었다. 안봉화는 섬기는 청주 서원교회 손덕용 목사에게 만주 선교의 일을 상의했다. 마침 중국 선교를 위해 여러 가지로 준비하던 손덕용 목사와 서원교회 그리고 기독교대한성결교회 해외선교위원회는 크게 기뻐하며 안봉화의 제안을 받아들였다. 안봉화는 우선 5백만 원을 손덕용 목사와 서원교회 그리고 해외선교위원회에 맡겼다. 그리고 손덕용 목사와 서원교회의 사역으로 만주 교회들을 세우는 일이 시작되도록 해 달라고 부탁했다. 손덕용 목사는 서원교회의 김종선 장로가 헌금한 5백만 원과 다른 헌금을 합쳐 만주 연변 자치주의 백두산 줄기 이도백하 인근에 백산교회를 개척했다. 1989년의 일이다. 그 교회는 이순희 전도사가 선교사로 파송 받아 처음 부임해 열심히 사역하는 가운데 나날이 부흥했다. 그리고 인근에 47여 개의 지교회를 세울 정도로 크게 성장했다. 안봉화는 이 모든 일을 선하게 이루신 하나님께 감사드렸다. 손덕용 목사는 그때 안봉화의 기도와 헌신에 대해 이렇게 말했다.

안봉화 권사가 어느 날 찾아와서 중국 문이 열리고 있는데 중국 선교를 하고 싶다고 말을 했습니다. 마침 만주 일대 성결교회들을 회복하는 일이 중요하다고 여기던 차에 안봉화 권사의 말에 나도 귀가 번뜩였습니다. 당장 교단의 해외선교위원회 관계자들과 이야기를 나누었습니다. 그리고 그 모든 일이 가능하다는 결론에 도달했습니다. 안봉화 권사의 기도와 헌신으로 우리 성결교회의 중국 선교는 드디어 힘을 얻어 길을 열게 된 것입니다.

만주 연변 일대에 교회들이 크게 부흥하는 것을 경험한 안봉화는 또 하나 교회 세우는 것을 서원했다. 이번에는 그가 유학했던 만주 장춘에 교회가 세워지기를 위해 기도했다. 이번에는 송인구 목사 그리고 서문교회의 여진헌 목사와 더불어 상의했다. 이후 장춘의 교회 설립 계획은 차분히 진행되었다. 그리고 1998년에 드디어 장춘에 록원교회가 세워졌다. 안봉화는 록원교회를 세우신 하나님께 감사드렸다. 어린 시절 공부하며 지내던 장춘에 다시 돌아와 교회를 개척하여 세우게 된 것이 얼마나 감사한 일인지 몰랐다. 이후 장춘의 록원교회는 교회가 부흥해 교세가 크게 불어났다. 교회 측에서 교회 건물 증축을 위해 한 번 더 헌신할 것을 요청해 왔다. 안봉화는 서슴없이 그 요청에 응했다. 그리고 교회 증축을 위해 헌금했다. 장춘은 안봉화에게 그만큼 남다른 곳이었다. 안봉화는 비록 사역에 동행할 수는 없지만 멀리서나마 록원교회가 하나님의 은혜 가운데 꾸준히 성장하고 부흥하기를 위해 기도했다. 그리고 그 땅 많은 사람이 하나님을 믿게 되고 예수님을 따르는 제자가 되기를 위해 기도하고 기도했다.

중국 만주의 교회들은 안봉화에게 각별한 의미가 있다. 반복해 말하지만, 그가 어린 시절 유학 생활을 했던 곳이 만주였고 그곳을 복음화하는 일은 안봉화에게 의미 있는 일이었다. 그리고 무엇보다 안봉화는 만주에 교회를 개척하고 지원하는 일들을 누구의 지시나 요청을 따르는 것이 아니라 온전히 자신의 의지와 뜻으로 시작했다. 물론 안봉화 혼자서 올곧이 그 모든 일을 이룬 것은 아니었다. 손덕용 목사나 여진헌 목사와 같은 지도자의 인도가 주효하게 역할을 했고, 성결교회 해외선교위원회나 선교국과 같은 조직과 기관들이 그 모든 것을 가능하게 했다. 그러나 주목해야 하는 것은 그 모든 일의 출발선에 안봉화의 간절한 마음과 뜻이 있었다는 것이다. 안봉화는 남편 나영기에게서 배운 교회와 하나님 나라를 향한 건강한 마음, 건강한 뜻을 하나님과 그리고 사람들과 협력하여 풀어가고 있었다. 안봉화는 이제 하나님의 나라가 어떻게 실현되어야 하는지, 교회가 어떻게 부흥을 위한 여정을 바르고 온전하게 나아가야 하는지를 배우기 시작했다. 그는 이제 거룩한 지혜를 그 삶에 축적하기 시작했다.

그렇게 온전한 헌신의 길을 찾아가는 중에 안봉화에게 또 하나의 헌신의 기회가 찾아왔다. 성결교회의 중요한 영적 자산인 성결 은혜를 더욱 깊은 공동체의 영성으로, 훈련으로 풀어가고자 조직된 바나바훈련원을 지원하고 그 운영을 함께하는 일이었다. 바나바훈련원은 '공동체'와 '영성'이라는 독특한 생활양식을 훈련하여 세우고, "너는 복이 될찌라"창 12:2의 말씀을 따라 목회와 사역을 세우는 일을 돕는 영성 훈련 단체이다. 초대 원장인 이강천 목사가 서울신학대학교에서 학생들을 가르칠 때 나누고 교류하던 것들을 조직적인 프로그램으로 만든 것이다. 성결교회의 목회자들에게 이강천 목사의 바나바훈련원은 가뭄의 단비와 같은 것이었다. 정말 많은 목회자가 이 프로그램에 동참해 신앙하는 삶의 본질과 목회의 본질, 교회의 참된 의미를 깨닫고 돌아가 사역의 큰 부흥을 이루었다.

안봉화와 이강천 목사 사이 관계는 그보다 훨씬 전부터 있었지만, 사실 안봉화와 바나바훈련원은 아무런 관계가 없었다. 이강천 목사가 안봉화에게 자신의 사역을 이야기한 적이 없었기 때문이다. 그런데 기회가 열렸다. 안봉화는 이강천 목사의 바나바훈련원이 새로운 장소를 물색하고 있는데 자금이 부족하다는 이야기를 들었다. 그는 이강천 목사의 바나바훈련원을 찾아갔다. 그때 바나바훈련원 관계자들은 충청북도 옥천에 있던 훈련원을 옥산면 금계리의 폐교된 초등학교 건물로 옮기는 계획을 하고 있었다. 당연히 문제는 돈이었다. 대부분이 목회자들인 운영위원들은 수억

충청북도 옥산에 세워진 바나바훈련원 전경

원에 호가하는 학교 건물을 매입할 자금이 없었다.

안봉화는 그 난감한 회의에 참석했다. 이전할 장소와 필요한 자금을 이야기하고 난 후 회의장은 꿀 먹은 벙어리가 되었다. 누구 하나 나설 엄두를 내지 못했다. 기도해야 한다는 말만 끊임없이 반복되었다. 물론 옳았다. 기도해야 한다. 그러나 제목을 놓고 드리는 기도에는 응답이 있어야 한다. 안봉화는 그 자신이 이 선한 목회자들에게 기도 응답이 되어야 한다는 마음을 품었다. 하나님께서 그 마음을 주신 것이다. 운영위원들과 자금 문제로 기도하고 난 자리에서 안봉화는 1억 4천만 원을 헌금하겠다고 말했다. 그리고 돌아가서 약속한 금액을 모두 헌금했다. 그렇게 바나바훈련원은 스스로 기도 응답이 된 안봉화의 헌신으로 현재의 옥산면 금계리로 이전을 마무리할 수 있었다.

이후 안봉화는 자신이 헌신할 수 있을 때까지 계속해서 바나바훈련원을 도왔다. 스스로 바나바훈련원의 이사가 되어서 물심양면으로 훈련원의 필요를 채웠다. 누가 시켜서 그렇게 한 것이 아니었다. 바나바훈련원에 대한 지원과 도움은 오직 안봉화 스스로 하나님 앞에서 얻은 마음의 결과였다. 안봉화의 안목에 바나바훈련원은 그만큼 중요했다. 바나바훈련원이야말로 교회와 목회 사역이 점점 어려워지는 시대에 목회자들에게 등불과도 같은 역할을 하리라 확신했다.

안봉화의 기도와 지원 그리고 참여 가운데 바나바훈련원은 이제 목회자들 뿐 아니라 청년들과 청소년, 어린이와 가정에 이르는 다양한 기독교적 삶의 현장들을 돌보고 북돋우며 고양하는 사역을 감당하고 있다. 안봉화의 기도 가운데 이제 바나바훈련원은 국내뿐 아니라 아르헨티나, 중국, 브라질, 캐나다, 네팔, 인도네시아와 스리랑카에 이르는 여러 나라에서 사람의 영혼을 살리고 목회와 사역을 부흥하게 하는 일에 크게 공헌하고 있다. 스스로 기도 응답이 되기로 한 안봉화의 결단이 없었다면 상상하기 어려운 일들이다. 안봉화는 바나바훈련원 사역을 돕는 가운데 하나님의 귀한 사람의 모습으로 한층 더 성장해 갔다.

스스로 '기도 응답'이 되고자 했던 일에서 빼놓을 수 없는 것이 있다. 바로 문준경전도사순교기념관 건립에 참여한 일이다. 문준경 전도사는 전라남도 증도의 여성 교역자였다. 문준경은 결혼해 증도의 시댁에서 살다가 남편에게 소박을 맞고 목포로 나와서 홀로 지내던 중 목포 북교동교회의 전도 부인에게 복음을 듣고 신앙생활을 시작했다. 그의 신앙생활은 맹렬했다. 그는 일제의 서슬이 시퍼렇던 시절에 신사참배를 하지 않겠다고 주장하여 목포의 법정에 서기도 했던 인물이었다. 문준경은 1930년대 서울로 올라와 신학 공부를 한 뒤 자기 시댁이 있는 증도로 돌아와 교회를 세우고 섬마을의 전도사가 되었다. 이후 증도에만 아홉 개가 넘는 교회를 세우고 이후 임자도와 병풍도 등 여러 섬에 교회를 세우며 섬 곳곳에 복음을 전하고 섬사람들의 애환과 함께하는 목회자가 되었다.

문준경은 이후 오랫동안 증도와 일대 섬마을의 목회자와 전도자로 살았다. 그러던 1950년 6·25 전쟁의 와중에 공산군 잔당 세력들과 마을의 좌익들에 의해 학살당했다. 그녀는 죽으면서 학살자들에게 "기독교인들 많이 낳는 씨암탉"이라는 말을 들었다. 마지막 죽으면서 그녀는 자기와 함께 끌려온 젊은이를 살려달라고 하고 그가 무사히 살게 되는 것을 보고 그리고 순교했다. 전하는 이야기에 의하면 문준경의 시신은 한참 동안 방치된 채로 있었다고 한다. 그런데 증동리교회 성도들이 좌익들의 눈초리를 무릅쓰고 그의 시신을 거두어 임시로 묻었다가 이후 전쟁이 끝나고서 정식 발인을 했다고 한다. 문준경의 장례식은 대단했던 것으로 전해진다. 수를 헤아릴 수 없는 인파가 그의 장례식에 참석했다. 이후 증도와 신안 출신 목회자들과 사회 지도자들은 문준경 전도사의 헌신과 업적을 기억하며 '기념사업회'를 만들었다.

증도의 목회자들이 주로 참여하는 '문준경전도사기념사업회'는 후에 기독교대한성결교회가 백 주년을 맞이하던 2007년에 청원을 올려서 문준경 전도사를 기억하고 그 순교 정신을 기리는 기념관 건립을 요청했다. 기독교대한성결교회는 그 청원을 받아들여 교단 차원에서 기념관건립추진위원회를 만들고 사업을 진행했다. 그리고 2013년 5월에 문준경전도사순교기념관을 완공했다.

이 시기 안봉화는 이미 현역에서 은퇴해 있었다. 그러나 사람들은 안봉화의 추진력을 잊지 않았다. 이런 중요한 일은 안봉화가 함께해야 한다고 생각했다. 교단은 안봉화에게 문준경전도사기념관 건립추진 공동위원장의 직책을 맡겼다. 안봉화에게는 또 한 번의 기회였다. 그도 역시 오랫동안 여전도회 활동을 하면서 문준경 전도사에 대해 많은 이야기를 들어왔던 터였다. 그 어려운 시절에 그 대단한 일들을 수행한 여성, 문준경이 궁금하기도

했고, 무엇보다 여성 지도자의 삶을 평가하고 그 삶을 기리는 기념관을 짓는 일에 참여한다니 흥분이 되기도 했다. 안봉화는 흔쾌히 교단의 부탁을 수락했다. 그리고 문준경전도사순교기념관이라는 거대한 일에 동참했다. 하나님께서 자신에게 맡기시는 마지막 큰 사명이라 여겼다.

그런데 그 일이 쉽지 않았다. 대부분의 회의는 서울 강남의 기독교대한성결교회 총회본부가 아니면 전라남도 땅끝 목포나, 혹은 무안보다 더 바다로 나아간 신안의 증도 같은 섬에서 열렸다. 거주하고 있는 청주에서는 정말이지 먼 거리였다. 거리도 거리려니와 다니기가 쉽지 않았다. 그러나 안봉화는 그런 일에 굴하는 사람이 아니었다. 비록 노구이지만 자기에게 주어진 사명에 또다시 충성했다. 그는 불원천리 회의가 열리는 곳은 어디든 달려갔다. 교통편을 몇 번이나 갈아타야 하는 일이었으나 힘든 기색을 비치지 않았다. 한국교회 어디서 이렇게 여성 지도자 한 명을 높이 올려세운 적이 있었던가 하고 생각하며 그 모든 회의와 일들에 헌신적으로 참여했다. 그때 회의에 참석하기 위해 자리를 함께했던 현 기독교대한성결교회 총회장이며 목포 북교동교회 당회장인 김주헌 목사는 이렇게 소회를 풀었다.

그때가 2009년 5월 28일 순교기념관 건립추진 실행위원회를 구성하고 첫 모임을 할 때였다. 거기서 안봉화 장

로님과 함께 문준경 전도사 순교기념관 공동 건립추진위
원장으로 만났다. 그동안 신안 증도에 잠자고 있었던 문준
경이라는 한 여인을 땅으로 끌어 올린다는 것이 쉬운 일은
아니었다. 이렇게 시작한 여행길이 처음엔 안개가 자욱한
바다처럼 한 치 앞을 내다볼 수 없었다. 쉽지 않은 길이었
다. 그러나 그로부터 4년 뒤 2013년 5월 21일 순교기념관
봉헌 및 개관식을 했다…. 안경 너머의 인자하며 차분한
모습이 감히 함부로 범접할 수 없는 카리스마가 있는 여장
부였다. 무슨 일을 하든지 긍정적이었다. 남성들이 머뭇거
릴 때 단호하게 자신의 주장을 펼치므로 부정을 차단하기
도 했다. 그녀가 함께하는 자리는 아름다운 결과물이 있
었다.

안봉화는 문준경을 위한 기념관 건립을 위해 자신의 노년 4년
을 아낌없이 쏟아부었다. 그가 가진 것들도 거의 모두 쏟아부었
다. 남자들이 정리하지 못하는 여러 가지 일들은 그의 예리한 통
찰과 지혜 가운데서 길을 찾았다. 때로 안봉화는 함께하는 목회
자들에게 언성을 높이기도 했다. 조금이라도 게을리하거나 안이
한 태도를 보이면 지적하고 바른길로 이끌었다. 이제 그럴 만도
했다. 팔순을 넘긴 노구를 다시 현역의 자리로 끌어왔으니 그 정
도 책망을 듣는 것이 옳았다. 무엇보다 안봉화는 자기에게 주어

문준경전도사순교기념관 전경

진 공동위원장의 직을 최종 공사가 마무리되는 그날까지 헌신적
으로 감당했다. 젊은 남자 목회자들과 장로들도 그렇게 신실함을
유지하기가 쉽지 않았다. 그러나 안봉화는 자신의 마지막 온 힘
을 다해 그 일을 완수했다. 그렇게 문준경전도사순교기념관, 우리
나라 기독교계에서 보기 드문 여성 지도자의 기념관은 멋지게 모
습을 드러냈다.

　안봉화에게 남다른 면이 있다면 그것은 '단호한 친절함'일 것

이다. 안봉화는 어지간한 남성들도 따라잡기 어려운 담력과 담대함이 있었다. 그런데 그는 그것을 누군가를 부리고 호령하는데 사용하지 않았다. 그는 그것을 특별히 목회자들이 그 부르심의 자리를 잘 지켜나가도록 하는 일에 사용했다. 안봉화는 목회자 스스로마저 힘들어하는 자리를 보듬고 지켜주는 일에 각별했다. 그는 목회자들 자신도 버티지 못하고 지키지 못하는 자리를 지키도록 돕고 격려하는 마음이 각별한 지원자였다.

1990년의 일이다. 평소 잘 알고 지내는 지성천 목사 같은 지방회의 한 목회자를 데리고 왔다. 의성의 한 교회에서 시무하는 목회자였다. 지성천 목사는 자리에 앉자 숨돌릴 틈도 없이 바로 의성의 교회가 얼마나 어려운 상황인지에 관해 이야기를 늘어놓았다. 교회가 다 무너져가고 있으니 시급히 다시 지어야 한다는 것이었다. 가만 생각해 보니 교회와 교회의 담임 목회자에게는 그 교회를 다시 지을 힘이 없어 보였다. 안봉화는 두말하지 않고 그 교회를 다시 짓는 일에 헌금을 보냈다. 그리고 어느 정도 시일이 지나 공사 상황을 살펴 다시 몇 번의 헌금을 더 보냈다. 그러자 그 교회의 장로님이 나섰다. 남의 교회 성도가 이렇게까지 관심 가져주는데 우리가 아무것도 하지 않을 수 없다며 감사하다는 전언을 남겼다. 그 장로는 자신이 건설 공사하는 일을 하고 있으니 헌금을 대신해 봉사하겠다는 것이었다. 결국 그렇게 그 의성의 교회는 안봉화의 헌금과 그 교회 장로의 헌신으로 온전히 새로 지어질 수 있게 되었다.

　이런 일들은 많이 있었다. 인도네시아와 사이판에 교회나 교육관, 선교관 등을 세우는 일, 멕시코에 선교 후원을 하는 일 그리고 지방회 내 여러 교회들의 증축이나 재건축, 새 건축을 돕는 일 등 그에게 다가오는 요청은 부지기수였다. 많은 목회자와 교회 지도자들이 안봉화를 찾았다. 그리고 헌금을 요청했다. 그때마다 안봉화는 단 한 차례도 거절 의사를 표시하지 않았다. 돈이 있으면 거저 주었고 돈이 없으면 준비될 때까지 기다려달라 말하고 기도했다. 그들을 격려하고 기도하는 가운데 자기가 가진 것을 아낌없이 내어 주었다. 다음은 안봉화의 지원을 받은 서상욱 목사의 이야기이다.

　선교사로서 사이판 사역은 1993년에 러시아 사역으로 이어졌습니다. 그런데 문제가 생겼습니다. 선교지가 결정되어 곧 떠나야 함에도 후원 문제가 해결되지 않았기 때문이었습니다. 지금도 그렇지만 그때 만해도 여성 선교사를 지원하는 교회가 드물었습니다. 이 고민을 전해 들은 안 권사님이 청주로 내려와 보라 하셨고, 어려운 사정을 들으신 후 기도하면 하나님께서 길을 열어 주실 것이라며 용기를 북돋아 주셨습니다. 결국 서원교회 권사회가 2후원을 맡아주어 저는 선교 훈련을 마치자마자 러시아로 갈 수 있

게 되었습니다. 그리고 우리 교단이 세운 모스크바신학교
의 전담 사역을 시작하게 되었습니다.

　그냥 내주기만 한 것이 아니었다. 안봉화는 기도하고 격려하는
가운데 반드시 부흥하라며 내어 주었다. 안봉화는 자신이 헌금해
지어진 교회와 건물들, 그리고 여러 교회를 위한 프로그램들이
온전히 잘 완성되었는지를 늘 살폈다. 후원하고 지원한 교회들에
결과보고서를 제출하라고 한 것이 아니다. 기도하는 가운데 조용
히 알아보고 혹시 더 필요한 것이 없는지를 살피는 식이었다. 그
렇게 하는 것이 헌금하고 후원한 사람의 마땅한 도리였다. 그는
후원하고 헌금한 대상에 대해 아무런 후속적 관심을 두지 않은
여타의 사람들과는 다른 신실한 후원자였다. 안봉화는 후원과
지원의 끝을 아는 사람이었다. 안봉화는 그렇게 관심 어린 후원
과 지원의 끝자리에서 무엇을 보아야 하는지를 살필 줄 아는 사
람이었다.
　안봉화의 이 모든 헌신과 의지는 모두 남편 나영기에게서 얻
은 것이다. 안봉화는 사별한 남편의 삶에 대한 깊은 추모의 마음
이 있었다. 그는 안봉화의 교회와 목회에 관한 안목을 전혀 새로
운 눈으로 확장할 수 있게 한 안봉화의 스승이었다. 안봉화는 청
광교회를 다시 세워가는 과정을 거치고 교단 내외의 여러 사역
에 관여하면서 도움을 요청한 목회자들과 그들의 교회와 사역에

대한 각별한 마음을 품고 협력과 지원을 아끼지 않았다. 설사 목회자 당사자가 버티지 못하고 흔들리는 상황이라도 안봉화는 그들과 그들의 교회와 그들의 사역을 위해 굳건히 기도했고 꾸준히 지원하며 아낌없이 격려했다. 자신이 먼저 신실하게 그들이 자리를 지키고 버티도록 기도했다. 사역자들이 교회와 사역을 지킨 것이 아니라 그들을 지원하고 기도하며 격려하는 안봉화가 그들 자신과 그들의 사역지를 지켰다고 보는 것이 합당할 것이다.

안봉화의 평생은 지극한 헌신으로 채워진 사명의 길이었다. 안봉화는 세속의 유명세와 명예를 누릴 기회를 얻으려 살지 않았다. 그것은 가만히 있어도 그녀에게 다가와 그녀의 가슴에 그리고 그녀의 목에 메달과 훈장들을 달아주었다. 안봉화가 관심을 가지고 분투하며 노력한 것은 오히려 하나님 나라의 일이었고 교회의 일이었다. 안봉화에게 그 일은 주도권을 가지고 최고의 위치에서 할 수 있는 일들이 아니었다. 그의 조산원에서 그는 원장이었고, 그의 의원에서도 그는 원장이었다. 그의 학원들에서도 그는 원장으로 있었다. 그는 자기 아래 모든 사람 위에 서서 결정하고 추진하고 처리하는데 익숙한 사람이었다. 그러나 교회에서 안봉화는 전혀 다른 사람이었다. 그는 섬기는 사람이었고 봉사하는 사람이었으며 충성하는 사람이었다. 그렇게 남편 나영기 장로와 함께 평생 행복한 교회 생활을 하게 될 줄 알았다.

남편 나영기의 삶과 죽음은 확실히 안봉화에게 전혀 새로운 헌신의 세계로 나아가도록 길을 열어 주었다. 그것은 바로 앞서지 않고 그렇다고 뒤서지도 않는 채로 사명의 자리에 서서 자기에게 주어진 과제를 끝까지 신실하게 풀어가고 성취하는 일이었다. 남편 나영기에게서 사명 수행의 지극한 진가를 배운 안봉화는 평생 그 길로만 걸었다. 그는 동행하는 목회자들을 넘어서지 않았고 함께 동역하는 장로들을 앞서지도 않았다. 그는 그렇다고 그들 뒤에 서서 묵묵히 순종하는 도리로만 주어진 일들을 다하지도 않았다. 안봉화는 안봉화만의 독특하고 예리한 길을 걸었다. 그것은 오직 하나님 한 분만을 앞세워 모두를 사명이 성취되는 자리까지 함께 가도록 이끄는 일이었다. 그것은 섬김의 리더십이고 봉사의 리더십이며 헌신의 리더십이고 그리고 무엇보다 끈질기게 자리를 지키는 신실함의 리더십이었다.

安奉花

1926~2022

헌신의 사람

여성지도자로서 헌신하던 시절 강단에 서기 전 기도하는 안봉화

안봉화는 한국성결교회 여전도회의 꽃을 피워야 한다는 과제에 충실했다. 그는
여전도회라는 꽃나무를 화분에 심고서 그것을 정성스럽게 가꾸었다.

한국교회 초기 선교사들은 집에 갇혀 지내다시피 하던 조선 여성들, 그렇게 방치되고 외면받아 차별 속에 살아가는 여성에게 지극한 선교적 관심을 기울였다. 처음에는 주로 선교사 부인들과 여성 선교사들이 그들을 만나고 복음을 전하고 또 가르치는 일들을 담당했지만, 이후에는 신앙을 갖게 된 조선의 여성들이 여성들을 전도하고 가르치고, 그리고 신앙 안에서 바르게 세우는 일을 감당하기 시작했다. 그들은 결국 여성들만의 모임을 꾸리기 시작했다. 그럴 필요가 있었다. 남녀가 서로 구별되는 시대이기도 했거니와 여성들만의 독특한 삶의 방식을 돌볼 필요도 있었다. 이후 여성들은 자연스럽게 교회 내에 모임을 만들었고 여러 교회 내 여러 섬기는 활동이나 혹은 교회 어린이들의 교육 및 교회의 이름으로 이루어지는 여러 구제 활동의 책임을 감당하기 시작했다. 교회는 사회적인 약자들을 돌보는 일이나 그들을 위해 봉사하는 일들에 대한 책임을 다해야 하는데, 그 모든 일은 자연스럽게 여전도회의 사명이 된 것이다.

한국교회 여성들의 별도 조직과 모임은 1898년에 '부인전도회'라는 이름으로 처음 시작되었다. 한국의 예루살렘이라고 불리던 평양의 널다리골교회에 다니던 신반석, 김전선 씨 등이 처음 모임을 주도해 63명의 여성 성도들이 그 모임에 함께 했다. 이후 교회 내 여성들만의 모임 '부인전도회' 혹은 '부인선교회'는 전국의 여러 교회에서도 조직되었다. 그리고 1928년에 대구 신정교회에서 열린 장로교 총회를 통해 여성들의 모임은 '조선예수교장로회 부인전도회'라는 이름으로 공식 인정되고 총회의 산하 기관이 되었다. 여전도회가 공적인 기관으로 활동하게 된 첫 역사이다.

이후 한국교회 여전도회는 장로교회의 모범을 따라 각 교회, 지방회나 노회에서 그리고 총회와 같은 전국단위의 모임에서 여성들만의 모임으로서 나름의 의미 있는 역할을 다 해왔다. 일제 강점기를 넘어서면서 교회의 여성들은 사회적으로 여성들을 이끄는 자리에 있었다. 신앙의 여성들은 교회를 통해 당대 여성을 각성하게 하고 계몽했으며, 새로운 사회의 지식과 교양, 품위와 덕을 품도록 계도啓導했다. 그러는 가운데 여성들을 신앙의 자리로 인도하고 가르쳤으며 하나님의 사람들이 되도록 인도했다.

한국교회 여전도회는 교단과 종파를 초월해 교회의 한 조직으로서 서로 비슷한 영역에서 활동했다. 여전도회는 먼저 여성을 대상으로 하는 교육 그리고 여성 복지와 갱생을 위한 사역에 헌신했다. 여전도회는 한편으로 교회 내외의 여러 봉사에서 중심 역할을 자처했다. 교회의 온갖 궂은일은 여전도회가 모두 감당했다고 해도 과언이 아니었다. 그러는 한편으로 여전도회는 사회와 세상의 도움이 필요한 약한 사람들을 위해 구제하고 봉사하는 일에도 앞장섰다. 이외에도 여전도회는 국내외 여러 곳에 복음을 전하는 전도 및 선교활동에도 적극적으로 임했다. 그래서 해외에 선교사를 파송하는 일이나 혹은 국내 여러 곳에 훈련된 교역자를 파송하는 일 등에 적극적으로 참여했다. 여전도회는 한편으로 교육과 구제와 같은 사역에도 큰 노력을 기울였지만, 고유의 전도와 선교 그리고 복음을 전하고 목회적으로 사역하는 일에도 많은 관심을 기울이고 직간접적인 참여를 해 왔다.

자연스럽게 한국교회 여전도회에는 두 가지 사역의 줄기가 형성되었다. 하나는 주로 '여성 교역자들'을 중심으로 하는 전도와 목회 차원의 여전도회 활동이었다. 다른 하나는 '평신도 여성 지도자들'을 중심으로 하는 평신도 사업 중심의 여전도회 활동이었다. 해방 전후까지 한국교회 각 교단의 여전도회는 모두 한결같이 이 두 가지 맥락을 모두 여성이라는 큰 영역 안에서 함께 다루었다. 그러나 시간이 지나면서 이 둘의 분리는 당연한 듯 이루어졌다. 먼저 장로교회와 감리교회가 그리고 성결교회가 그 뒤를 이었다. 여교역자들의 역할과 평신도 여전도회 회원의 역할이 상호 협력적인 발전을 위해 조직적으로 분리된 것이다.

한국성결교회 여전도회 역시 다른 교단의 여전도회 역사와 유사한 방식으로 발전했다. 성결교회 여전도회는 1922년에 아현교회의 지교회였던 독립문교회 부인들이 '청신기도회'로 모인 것이 효시가 되었다. 그때 독립문교회는 새로 도시화가 이루어지고 있던 서울 서쪽 지역 일대에서 크게 부흥하고 있었다. 팽창하는 서울의 신도시로서 서대문과 독립문에는 지방에서 올라온 사람들이 많이 살았는데, 대부분 배움이 부족했고 삶이 어려웠다. 결국 독립문교회 부인회는 독립문과 서대문 일대 부녀자들을 신앙과 교회로 이끌고 그들에게 글자나 신식 교육의 기회도 주고 또 신여성으로서 계몽의 기회도 주려는 목적에서 모임을 만들어 활동을 시작했다.

기도와 계몽 활동을 위해 시작된 성결교회의 부인들의 모임은 전국의 교회에서 개별로 조직을 이루었다. 그들은 주로 교회의 부녀자 전도 활동을 도맡아 하는 전도부인들과 교역자 부인들 그리고 평신도 부녀자들이 주축을 이루는 조직이었다. 그렇게 전국 거의 모든 교회에 '부인들의 모임'이 조직되자 그들 가운데 33명의 발기인이 만들어지고 1934년 서울 아현교회에서 드디어 전국부인회연합회를 조직하게 되었다. 이름은 '성결교회부인회전국연합회'였다. 이후 성결교회 부인회전국연합회의 활동은 1943년 교단의 폐쇄와 함께 잠시 활동이 중단되었다.

1946년이 되던 해 성결교회가 재흥 총회로 다시 시작되었을 때, '성결교신생부인회'라는 이름을 가지고 새롭게 활동을 재개했다. 성결교회 신생부인회는 1967년 여전도회연합회라는 이름으로 새롭게 단장하기까지 하나님의 말씀과 성경을 전하고 가르치며 신앙 체험을 위한 모임을 일구고, 이웃사랑과 덕을 전하는 일에 앞장서는 일, 그리고 문맹 퇴치와 사회의 폐습 타파를 위해 앞장서는 등의 다양한 여성 신앙 활동을 추구해 왔다. 이외에도 성결교회 신생부인회는 여교역자의 활동 강화와 교역자 부인의

성결교회 여전도회 회원들의 교육과 수양을 위해 지은 헬몬수양관

처우를 개선하기 위한 사업 등에서 다양한 성과를 이루었다. 성결교회 여전도회의 활동은 참으로 깊고 풍성했으며 다채로웠고 활력이 있었다.

그러나 성결교회 여전도회 역시 다른 교단의 여전도회가 그렇듯 여교역자들과 여성 평신도 지도자들 사이 분리라는 단계로 나아갔다. 성결교회 여전도회는 1978년부터 여교역자들의 모임이 별도로 이루어지기 시작했고 여전도회전국연합회의 회장이 여전도사가 아닌 평신도 권사가 당선되면서 1983년에 이르러 여교역자회는 마침내 별도 조직을 구성했다. 그 후 성결교회여교역자회는 여전도회와 달리 목회자들의 협의기구로서 교회 사역의 맥락에서 영적인 역할을 추구해 나가기 시작했다. 여전도회 역시 평신도 단체로서 평신도 사역으로 어울리는 봉사와 지원, 혹은 독립적인 선교활동 및 수련 활동을 기본으로 발전하기 시작했다.

안봉화의 여전도회 헌신과 봉사는 이런 역사적 흐름의 한 가운데 있다. 안봉화는 1951년 나영기와 결혼하고 봉산교회에 새롭게 정착하게 되면서 그곳 '신생부인회' 모임에 자연스럽게 참여하게 된다. 처음 안봉화는 교회 안의 여전도회 활동 범위 안에서 여러 가지 일들을 감당했다. 그 대표적인 것이 봉산교회 여전도회 회원들과 함께했던 경북 지역 농촌교회들을 위한 여름성경학교 봉사와 농촌교회를 위한 계몽 및 개선 활동이었다. 그 시절 안봉화는 경상북도 오지를 다니며 작은 마을들을 찾아 마을 사람들에게 위생 개념을 가르치고 그들에게 의료 지원을 해주며 필요할 경우 약품을 지원하는 등의 활동을 벌였다. 특히 안봉화는 시골 마을들 부녀자들의 위생과 건강 문제에 관심을 많이 기울였다. 온종일 어린이들과 성경학교를 진행하고 저녁이면 진료와 상담을 진행하고 있다. 정말 많은 사람이 안봉화와 동료들의 계몽과 의료 봉사 혜택을 누렸다.

안봉화의 여전도회 활동은 지방회 여전도회 활동으로 이어졌다. 안봉화는 오랫동안 전국부인회 활동에 몸담았던 경험을 토대로 교회의 여전도회 연합 활동에서 두각을 나타내기 시작했다. 이미 우리가 알고 있는 것처럼 안봉화는 연합회와 같은 조직 활동에 탁월한 능력을 보여주었다. 덕분에 성결교회 경북지방 여전도회는 여타의 여전도회 연합회의 활동과 사뭇 다른 진취적인 모습을 보였다. 안봉화는 이 시절 봉산교회 여전도회에서 꾸준히 해온 시골교회와 시골 마을에 대한 봉사에 더욱 열심히 헌신했다. 이런 봉사는 청주로 삶의 터전을 옮긴 후에도 계속되었다. 안봉화는 청주와 충청북도의 오지를 잘 알았다. 그가 운영하던 간호학원 졸업생들은 충청북도 곳곳 병·의원과 보건소들에서 자리를 잡고 있었다. 안봉화는 졸업생들이 잘 정착했는지를 살피는 일을 무엇보다 중요하게 여겼다. 그는 교통편이 불편한 오지라도 아랑곳하지 않고 졸업생들을 찾아가 그들의 삶을 살피곤 했다. 안봉화는 이런 경험을 토대로 충청북도 일대 농촌교회들을 찾아 거기 부녀자들과 어린이들을 돌보고 계몽하는 일에 최선을 다했다.

그 모든 시절에 안봉화는 교회의 여전도회 활동과 여전도회 연합회 활동에 꾸준했다. 교회와 사회, 가정에서 여성의 역할이 무엇보다 중요하다는 것을 잘 아는 그였다. 여성이 지혜로워야 하며 때로는 남성을 압도하는 지도력으로 사회를 이끌어야 한다는 생각을 품고 있던 그였다. 결국 안봉화가 이끄는 경북지방 여전도회엽합회 나아가 청주와 충청북도 여전도회 연합회는 당시 사회의 소금과 빛과 같은 역할을 하며 교회와 세상 사이 자리매김에 성공했다.

여전도회전국연합회 활동은 1960년대 중반부터 참여하기 시작했다. 안봉화는 특히 여전도회 회원들의 은혜로운 수양을 위해 마련된 헬몬수양관 사역에 참여해 수양관이 발전하고 성장할 수 있도록 하는 데 크게 이바지했다. 헬몬수양관은 신생부인회가 여전도회연합회라는 이름으로 새롭게 개명한 뒤 시작한 첫 사업이었다. 여전도회는 1968년 총회에서 지도자들이 결단해 성결교회 여성도들의 영적 부흥과 성장을 위한 수양관을 확보하기로 했다.

이 일은 성결교회와 긴밀한 관계를 맺고 있던 OMSOriental MIssion Society의 도자인Jane Day 선교사를 비롯한 여러 선교사와 교단 지도자들의 지지를 얻었다. 특히 도자인 선교사는 같은 여성으로서 성결교회 여성들이 영적으로 크게 부흥하는 터전을 마련하는 일을 위해 물심양면 큰 도움을 주었다. 특히 OMS와 함께 미국 남장로교 선교사들이 세운 한남대학교 옆 부지 500여 평을 매입할 수 있도록 돕고 스스로 건축 지원에도 앞장서 결국에 수양관이 완공되도록 힘을 보탰다. 이후 헬몬수양관은 여전도회 회원들(이후에는 여교역자회)의 수양을 비롯하여, 성결교회와 수많은 기독교 단체들이 몸과 마음, 영혼을 수련하는 도심 속 수련원으로 자리매김하게 된다.

안봉화를 비롯한 여전도회 임원들의 헬몬수양관 건축을 위한 노력도 각별했다. 수양관은 온전히 여전도회 회원들의 영적 수양을 위한 공간이 되어야 했다. 여전도회에는 다른 무엇보다 중요한 활동 기반을 확보하는 일이었다. 여전도회 임원들은 산하 각지방회 임원들 그리고 개교회 회원들의 도움까지 보태 수양관 건축을 위해 큰 노력을 기울였다. 특히 임원들과 회원들은 브로치와 배지를 만들어 판매하는 등 열정을 보였다. 그렇게 헬몬수양관은 1971년 4월에 봉헌 예배를 드릴 수 있었다. 안봉화는 이후 오랫동안 꾸준히 헬몬수양관의 이사로 수양관의 발전을 위해 섬겼다. 헬몬수양관에 대한 섬김은 수양관의 주관이 여전도회에서 여교역자회로 넘어간 뒤에도 계속되었다. 안봉화는 헬몬수양관의 성장과 발전을 위해 애정 가득한 마음으로 도움과 지원을 아끼지 않았다.

이외에도 안봉화는 여전도회의 물리적 공간 확보에 대해 지극한 관심과 애정을 가졌다. 그 한 사례가 바로 은퇴하는 여교역자들을 위한 공간 '성락원'이었다. 성락원은 6·25전쟁이 한창이던 시절 부산에서 남편과 사별한 교역자 부인들과 여교역자들 노년의 안식을 위해 마련된 공간이다. 교단에서는 이 공간에 대한 관리와 운영을 여전도회전국연합회에 맡겼는데, 서울 동작구 상도동 등에서 운영되다가 이제는 대전 헬몬수양관 옆에 아늑하고 멋진 공간으로 마련되어 있다. 안봉화는 은퇴하는 여교역자들을 위한 공간이 전국 여기저기에 산발적으로 떠돌다가 결국에 대전 헬몬수양관 옆으로 오게 된 것을 크게 기뻐했다. 그리고 그 공간이 은퇴한 여교역자들 특히 가난한 여교역자들에게 온전한 혜택으로 돌아갈 수 있도록 하는 일에 큰 노력을 기울였다. 그는 이후 안봉화는 꾸준히 성락원에 대한 지극한 관심을 보여왔다. 안봉화와 오랫동안 관계해 온 헬몬수양관 전 관장 이군자 목사는 그와의 일화를 이렇게 추억한다.

안 권사님은 1년 꼭 한 번은 여전도회 임원들과 함께 성락원에 방문하셨어요. 안 권사님은 성락원에 계신 은퇴하신 여교역자들 한 분 한 분을 위로하시고 그분들에게 선물을 주시는 일을 잊지 않으셨어요. 안 권사님은 특히 매년 여전도회 임원들과 더불어 된장과 고추장 등 장을 담가 그것을 가지고 성락원에 오셨어요. 성락원의 은퇴하신 여 교역자들의 먹을 것을 신경 쓰신 거죠. 지금도 본인이 직접 담근 장을 들고 성락원 문을 열고 들어오시는 모습이 선해요. 참으로 감사한 분이에요.

안봉화의 이런 모습을 여전도회 임원들과 회원들은 모두 사랑했다. 그는 자신의 좋고 나쁨이 아니라 대의에 비추어 옳고 그름에 따라 일들을 처리했고 책임을 수행했다. 그런 안봉화의 모습

안봉화가 평생 후원하며 섬긴 여교역자들의 안식처 성락원

은 여전도회 조직 전체에 건강한 소금이 되었고 빛이 되었다. 그
는 성결교회 여전도회연합회가 건강한 조직이 되기를 바랐고 그
것을 이상으로 삼아 몸소 여전도회를 그런 조직이 되게 했다. 그
는 교단 일은 명예로운 일이라 여기고 여전도회연합회 임원들이
무엇이든 자비량으로 일하도록 했다. 그래서 교단 일에서 관례로
소통하던 '교통비'를 받는 습관이 여전도회연합회에 발을 들이지

못하게 했다. 그 자신도 여전도회의 일을 하거나 여전도회를 통해 교단 일을 하는 경우 교통비를 받는 일이 거의 없었다. 모든 것은 자비량 헌신이었다. 결국 그의 이런 솔선수범은 이후 여전도회 후배 임원들에게 본보기가 되었고, 여전도회전국연합회 임원들은 지금도 자비량 사역을 덕으로 여기고 있다.

그는 여전도회의 회의나 모임에서 의견을 절충하거나 대화를 하는 일, 대의에 따르는 법 등을 가르쳤고 여전도회의 그런 모습은 교단 내 다른 기관에 모범적인 모습이 되었다. 그는 회의하고 일을 진행하면서 서로 이견이 발생할 수 있다고 생각했다. 그러나 중요한 것은 다수결에 따라 결정이 된 사안에 대해서는 그대로 따르는 것이었다. 안봉화는 그 모든 의견수렴과 의사결정의 민주적 방식을 존중했고 그것을 여전도회 조직 내에 정착하기 위해 노력했다. 안봉화의 이런 모습을 여전도회전국연합회 후배 이경주 권사는 이렇게 기억한다.

한 번은 여전도회 임원들 사이에 큰 문제와 갈등이 발생했어요. 제가 회장인지라 이 모든 사안을 수습하고 정리할 책임이 저에게 있었지요. 그런데 묘안이 떠오르지 않는 거예요. 사실 묘안이 없다기보다는 결정된 사항을 실천할 용기가 없었던 것이지요. 그때 임원들과 함께 청주의 안봉화 권사님 댁을 찾아갔어요. 저는 권사님에게 도움을 요청했습니다. 그때 안 권사님은 조용히 저의 이야기를 듣기만 하셨어요. 그리고 마지막에 이렇게 말씀하셨어요. "지금 회장님은 이 권사님이시니 권사님과 임원들의 결정과 결단이 중요합니다. 가만히 들어보니 권사님과 임원들이 그렇게 결정하신 것을 그대로 하시는 것이 좋을 것 같습니다. 저는 회장님과 현 임원들의 결정과 결단을 절대로 지지합니다.

이런 일도 있었다. 여전도회와 여교역자회가 분리되고 여전도회가 독립적으로 상도복지관을 지을 때 이야기다. 상도복지관은 기독교대한성결교회 여전도회전국연합회가 뜻을 품고 대사회적인 기여를 위해 만든 공간이다. 그러나 여전도회전국연합회는 처음부터 복지관을 염두에 둔 것은 아니었다. 안봉화를 비롯한 몇몇 지도자들은 여전도회 회관을 먼저 생각했다. 장로교나 감리교 같은 유수의 교단들은 이미 여전도회 회관을 짓고 운영 중이던 시절이었다. 안봉화는 성결교회 여전도회원들이 모여 회의도 하고 건물 운영을 통해 발생하는 수익금은 선교와 여전도회 봉사활동을 위해 사용하면 좋겠다는 생각을 가졌다.

그런데 몇몇 사람들의 생각은 달랐다. 그들은 여전도회 회관보다는 사회복지관을 지어 사회 봉사활동을 시작해야 한다고 생각했다. 당연히 둘 사이에는 의견 대립이 있었다. 그런데 안봉화와 반대편에 선 지도자들이 일방적으로 일을 처리해버렸다. 그래서 여전도회의 건축 사업은 복지관으로 결정이 나 버렸다. 안봉화는 화가 났다. 그래서 복지관 건축에 관련한 일이나 모금에 협조하지 않았다. 한동안 갈등은 계속되었다. 그렇게 복지관은 어느 한쪽의 반대 가운데 건축이 강행되었고 결국에 완공이 되었다. 서울 동작구 상도동에 있는 '상도종합사회복지관'이 그것이다.

그런데 일단 복지관이 완공되자 안봉화는 그 사실을 받아들였다. 그는 복지관이라는 현실이 주어지고 나자, 곧 복지관 이곳저곳에 필요한 것들을 구입하는 일에 헌금을 하고 필요한 경우 물품도 헌납했다. 피아노도 한 대 기증했다. 후에는 복지관 운영 이사에 참여하기도 했다. 그리고 복지관이 건강하고 바르게, 성결교회 여전도회연합회의 얼굴과 같은 역할을 잘 감당하도록 도왔다. 안봉화는 복지관 사람들에게 정성스러웠다. 성락원 직원들과 은퇴교역자들에게도 그랬지만 복지관 사람들에게도 자신이 직접 만든 먹거리를 가져다주었다. 그것이 안봉화의 사랑 표현 방법이니 복지관 사람들에게도 그의 관심과 사랑을 온전히 보여준 것이다. 안봉화는 이렇게 자신이 반대하던 일도 잘되기를 바랐다. 그는 자신이 반대편에 섰더라도 그것이 하나님의 사랑과 공의를 위한 일이라면, 그리고 교회를 위한 일이라면, 스스럼없이 자기를 내려놓고 대의에 복종할 줄 아는 사람이었다.

여전도회 사역에서 안봉화가 또 한 번 큰 빛을 발한 것은 교단에 전국단위 권사회를 조직하는 일이었다. 권사회는 여전도회연합회와는 별도의 조직으로 구성이 되었다. 사실 사람들 사이에는 권사회의 별도 조직에 대해 말이 많았다. 여전도회와 무슨 차이가 있느냐는 이야기가 대다수였다. 그러나 안봉화는 생각이 달랐다. 안봉화의 생각에 여전도회는 실행하는 조직이었다. 여전도회는 교단과 교회가 수행하는 여러 가지 교회의 일들 즉, 전도하고 봉사하고 살피고 돌보는 일들을 직접 실천하는 사람들의 모임이다. 반면 권사회는 실행하는 조직이라기보다는 후원하고 지원하는 조직이다. 안봉화는 권사회가 여전도회 활동을 어느 정도 마무리 한 선배 권사들의 모임이되, 상왕처럼 군림하는 조직이 아니라 지원하고 후원하고 오히려 섬기는 조직이어야 한다고 생각했다. 그리고 직접 그런 모임을 만들었다. 여전도회 임원 활동을 마무리한 후의 일이었다.

안봉화는 1990년 전국권사회 회장으로 일하면서 그가 생각했던 권사회의 이상적인 모습을 구현했다. 여전도회전국연합회 활동을 했던 사람들이 자연스럽게 전국권사회 조직 안으로 들어올 수 있도록 하는 일, 권사회 조직의 일원으로서 교회와 교단, 특히 여전도회의 일을 돕고 지원하는 일, 무엇보다 기도에 매진하는 일을 중요한 사업으로 삼았다. 그렇게 해서 안봉화는 자신이 권사회와 여전도회 사이 가교 구실을 하면서 동시에 권사회 조직이 교단의 여성 활동을 위한 영적 후원자의 역할이 되도록 하는 일에 최선을 다했다. 그가 모범을 보인 이래 권사회는 지금껏 꾸준히 교단의 기도하는 권사들의 모임, 교단의 모든 일들을 측면에서 혹은 배면에서 지원하고 후원하는 어른들의 모임으로 자리하게 된다.

안봉화는 1970년부터 1975년 사이, 그러니까 여전도회가 아직 여교역자회와 분리되기 전에 여전도회전국연합회 조직의 총무로서 일들을 맡아보았다. 이후 안봉화는 1980년과 1981년 사이 여전도회전국연합회의 평신도 출신 회장으로 헌신하였다. 그리고 1985년에는 분리된 여전도회전국연합회의 회장으로 헌신하게 된다. 사실 여전도회의 역사를 아는 이들은 안봉화가 맡은 시기의 어려움에 대해 곧잘 이야기한다. 그 시절 여전도회전국연합회 회장직이 쉽지 않았으리라는 생각들이다. 안봉화는 그 시절 다른 말을 하지 않았다. 안봉화는 사실 그 모든 시절에 완벽하지는 못했을지언정 훌륭하다 싶을 만큼의 모든 노력을 기울였다.

먼저 안봉화는 성결교회 여전도회전국연합회가 여교역자들과 여성 평신도들 그리고 목회자 사모들이 모두 어우러지던 시절 총무로서 섬기고 봉사하는 일에 최선을 다했다. 당시 여전도회는 여 교역자들이 회장을 맡고 여성 평신도 회원이 다른 여교역자들과 함께 임원직을 맡는 형식으로 되어 있었다. 처음 여전도회가 신생부인회라는 이름으로 시작되고 교회 내 '전도부인'들과 여전도사들 그리고 여성 평신도들이 함께 교회와 교단의 여성 관련 사안들을 실행하는 것에는 별다른 어려움이 없었다. 교단도 사회도 여전도회가 다루는 사안들이 서로 굉장히 이질적인 것들이라는 것에 관한 생각이 없던 시절이었다. 성결교회 여전도회전국연합회는 여교역자들의 지도와 인도 아래 여성 평신도들이 봉사하고 헌신하는 체제가 자연스럽게 굳어져 갔다.

그러나 6·25전쟁 후 사회의 분위기는 많이 달라졌다. 1950년대를 넘어서 1960년대를 지나 1980년대에 접어들면서 여성들은 따르고 순종하는 자리에서 스스로 기획하고 실행하는 자리로 나아가기 시작했다. 여성들 사이에도 교육받고 전문 분야에서 훈련된 이들이 많이 배출되었다. 교회에는 점점 식견과 교양과 능력을 갖춘 여성들이 늘어나게 되었다. 교회 역시 사회 기관의 하나로서 그런 임무를 수행하는 여성들을 높이 세우기 시작한 것이다. 이런 문제들은 결국 교회 안에서 여성의 지도력 문제를 일으켰다. 이것은 단순히 남성을 상대로 여성의 지도력 역할을 강화하려는, 그런 정도의 문제가 아니었다. 이것은 여성들 사이의 지도력의 정체를 밝히는 문제였다.

교회의 여성이 감당하는 일들은 이제 단순한 봉사 차원의 영역을 넘어서게 되었다. 식당 봉사를 하고 남성 지도자들의 수발을 드는 정도의 수준을 넘어서는 일들이 교회 여성들에게도 주어지기 시작한 것이다. 문제는 사회적인 필요를 채우는 봉사와 헌신의 일들에 전문 여성들의 식견과 경험이 포함되기 시작하면서 여교역자들의 지도력이 한계에 부딪히기 시작했다는 것이다. 여성 평신도들은 그들이 수행하는 봉사와 헌신의 상당량이 여성 교역 자들의 지도력을 넘어선다는 것을 알고 있었다.

그러나 교회는 늘 사회적인 이슈들에 대해 보수적이었다. 여 성들의 진보와 성장에도 불구하고 그들은 아직 사회가 각 조직 과 기관에 마련해 둔 보수적 질서의 그늘에 머물러 있어야 했다. 1960년대와 1970년대는 그런 시절이었다. 당연히 교회 여성들 의 봉사와 헌신, 그 역할과 범위, 지도력의 정체를 밝히는 일에는 지혜가 필요했다. 그리고 안봉화는 그런 부분에서 빼어난 안목과 지혜를 가진 여성 지도자였다.

안봉화는 1960년대 청주지방의 여전도회 임원을 지내고 이어 서 1970년부터는 전국단위 조직 여전도회전국연합회의 임원으 로 헌신하게 된다. 그런데 안봉화가 무엇이든 꼼꼼하고 일을 잘 처리해나가자 전국연합회 지도자들은 그를 자기들 조직의 총무 역할을 감당하게 했다. 안봉화는 주어진 총무 역할을 충실하게 잘 감당했다. 아니 탁월하게 감당했다고 하는 편이 나을 것이다. 그러자 연합회 임원들 특히 여교역자 회장들은 안봉화가 계속해 서 총무직을 수행해 주기를 바랐다. 어느 해 안봉화가 일이 힘들 다며 고사하자 "누구 일은 돌봐주고 누구 일은 봐주지 않는 것이 냐"며 볼멘소리를 내는 회장들도 있었다.

그런데 이 시절 안봉화가 감당했던 일들에서 우리는 한 가지를 주목해야 한다. 안봉화는 총무로 책임을 수행하면서 여교역자들의 목회적, 영적 지도력과 평신도 임원들의 전문화된 지도력 사이 절충과 다리 역할을 다했다. 안봉화는 여교역자들의 사역 이상이 평신도 임원들과 회원들의 전문화된 경험을 통해서 구체화되도록 하는 일에 조밀하게 개입했다. 반대로 평신도 임원들의 경험이 조직 내에서 괜한 볼멘소리가 되지 않도록 하는 일에도 주의를 기울였다. 안봉화는 동료들의 사회 경험과 전문적인 식견이 여전도회 사역을 풍성하게 하는 일, 그런 가운데 여교역자들의 지도력이 빛을 발할 길을 찾았다. 그의 여전도회전국연합회 총무직 5년 수행의 비결은 바로 이런 것이었다.

그런데 그의 중재 노력도 한계에 이르는 상황이 다가왔다. 여전도회 내에서 여교역자와 여성 평신도들 사이가 점점 벌어져 마침내 돌이킬 수 없는 분열의 강을 건너게 된 것이다. 1970년대 후반에 접어들면서 여성 평신도 지도자들은 교단 남전도회연합회와 함께하는 일이 잦아졌다. 남전도회연합회의 임원들과 지도자들은 여전도회가 평신도들의 단체요 조직이어야 한다는 사실을 강조했다. 여성 평신도들 사이에서도 그런 인식은 점점 늘어갔다. 그러나 안봉화와 같은 지도자들은 그런 인식에 쉽게 동조하기도 어려웠다. 시대적인 흐름이 그렇다는 것은 이해했지만, 일제강점기로부터 40년 가까이 이어온 조직과 단체의 정체성을 다루는 일이었다. 그것은 몇몇 사람들의 가벼운 입놀림과 정치적인 세력 놀음 등의 좁디 좁은 안목으로 다루어질 일이 아니었다.

이런 식의 분리에 관한 생각은 여전도사들 사이에서도 나타났다. 오랜 시간 여전도회를 이끌어 온 선배들은 여전도회의 분리에 대해 부정적이었으나 젊은 여전도사들의 생각은 달랐다. 이제 시대가 여성들의 목회적 지도력을 고민하고 있고, 여성도 교회 목회의 중요한 일원이라는 것을 받아들이는 현실이었다. 여교역자와 평신도 사이에 그런저런 분리에 관한 인식이 늘어 가고 있을 때, 여교역자들은 1978년부터 여전도회 전국단위 모임에서 자기들만의 별도 모임 시간을 갖기 시작했다. 그리고 이어서 여성 평신도 임원들 사이에서 전국연합회 회장이 당선되는 일도 벌어지게 되었다. 그 와중에 소위 '불법 선거 운동'이 벌어지기도 했다. 여전도회는 여기저기가 소란스러워지게 되었다. 이런 식의 모습은 여전도회가 여교역자회와 평신도 여전도회로 분리되어야 한다는 생각의 불씨에 기름을 끼얹게 되었다.

그러나 감정의 골이 깊을 때 바로 분리를 단행하는 것은 교회답지 않은 일이고, 하나님의 일을 하는 사람들에게 어울리지도 않았다. 서울신학대학교의 배가례 교수나 도자인 선교사를 비롯해 이옥희 전도사나 신옥균 전도사와 같은 신실한 지도자들이 상황을 정리하기 위해 애썼다. 평신도 측에서는 안봉화의 역할이 절실했다. 안봉화는 여성 평신도 임원들과 여교역자 지도자들 사이에서 신임이 두터웠다. 결국 이 어려운 시기 안봉화는 여전도

성결교회 여전도회가 여교역자회와 분리한 후 지어 활동하는 상도복지관 전경

회전국연합회 회장의 책임을 수행하게 된다.

　회장이 된 안봉화의 과제는 명료했다. 여전도회를 여교역자회
와 평신도 여전도회 연합회로 분리하는 단순하지만 복잡한 일이
었다. 안봉화는 그답게 주어진 책임의 자리를 피하지 않았다. 그
는 분리의 과제에 정면으로 응했다. 그는 먼저 부정 선거 이후 표
류하는 여전도회연합회를 안정시켰다. 그리고 회장이 주도하는

임원회에 권위를 집중시키고, 모든 것은 임원회의 결정 아래 진행되도록 했다. 여전도회는 여전히 말이 많았다. 그렇지만 안봉화의 지도력 아래 분리는 순서대로 진행이 되었다.

단체를 두 개로 분리하는 일은 사실 조직을 분리하는 일 외에도 여러 가지 다루어야 할 사안들이 많았다. 그 가운데 대표적인 것은 헬몬수양관과 성락원의 운영을 누가 맡을지에 관한 현실적인 사안도 있었다. 일단 결론부터 말하자면, 안봉화의 임원회와 지도자들은 여교역자들의 안식을 위한 성락원 운영은 여교역자들이 맡은 것이 옳다는 것에 동의했다. 헬몬수양관도 마찬가지였다. 안봉화는 교역자들이 헬몬수양관 운영을 통해 자립할 힘을 얻는 일이 중요하다고 생각했다. 여성 평신도 지도자들 역시 이런 결정에 동의했다. 여교역자들은 안봉화를 비롯한 평신도 지도자들의 동의에 깊은 감사를 표했다. 이렇게 해서 대전의 헬몬수양관과 후에 입주하게 되는 성락원은 지금까지 성결교회 여교역자회의 주관으로 운영되는 시설이 되었다. 모두가 안봉화의 공이라 하기는 어렵지만, 모두가 안봉화의 역할이 컸다는 것에는 동의하는 결과이다.

여전도회라는 명칭은 평신도들의 것이 되었다. 그것은 그렇게 되는 것이 옳았다. 다른 교단의 선례도 다르지 않았다. 여교역자들은 그렇게 스스로 분리해 나가 기독교대한성결교회 여교역자회를 만들었다. 그리고 1983년에 자기들만의 총회를 처음 개최

했다. 회장 안봉화에게는 이제 마지막 할 일이 남았다. 여교역자의 정체성과 사업은 그들이 알아서 할 일이었다. 안봉화와 여성 평신도 지도자들은 이제부터 평신도 단체로서 여전도회전국연합회의 정체성과 사업을 구획 짓고 자리 잡아야 했다. 그때 일들을 기억하는 여교역자 고故 박남형 목사는 그런 안봉화를 이렇게 이야기한다.

안봉화 장로님은 여성 교역자들에 대한 애정이 각별하셨던 분입니다. 그분은 동행하는 여전도사님들을 존중했고 그들을 각별하게 모셨습니다. 지금의 여교역자회가 이렇게 자리 잡게 된 것도 모두 안봉화 장로님의 각별한 애정과 지혜로운 솜씨 덕분입니다. 나는 장로님의 일처리에 감동했습니다. 그 이후 나는 그분을 참으로 사랑했습니다. 나는 장로님을 평생 존경해 왔습니다.

안봉화는 이후 회장직을 끝내고 잠시 물러났다가 1985년에 다시 전국연합회 회장의 자리에 올랐다. 그리고 그가 생각하는 여전도회의 정체를 밝히는 일을 성실하게 수행했다. 안봉화가 주목한 것은 선교와 봉사였다. 안봉화는 우선 여전도회전국연합회가 전국 단위 조직으로서 산하 각 지방회의 조직들과 긴밀한 관계를 이루어야 한다고 생각했다. 그는 평신도들만의 여전도회연합회가 조직된 후 전국의 각 지방회 여전도회 임원들을 만나는 일에 주력했다. 그리고 그들이 하는 이들을 살피고 무엇이 필요한지를 들어봤다. 그런데 그 시절 그가 무엇보다 귀를 기울인 것은 여전도회의 미래 사업이었다. 각 지방회의 여전도회 임원들은 이구동성으로 해외선교를 말했다.

평신도들만의 여전도회전국연합회가 세워지던 시절은 성결교회가 해외선교를 향해 역량을 펼치던 시절이었다. 여전도회전국연합회의 새로운 시대는 성결교회 해외선교 시대와 절묘하게 맞아떨어졌다. 이후 안봉화는 여전도회의 사역이 교단의 해외선교 확장을 돕는 일이 되도록 했다. 그 자신이 먼저 선교적 협력 사역에 나섰다. 사이판성결교회를 세우고 후원하는 일을 먼저 했다. 이어서 중국 선교를 위한 헌신에 나섰다. 백두산 자락 아래 이도백하에 백삼교회를 개척하는 일과 장춘에 록원교회를 개척하는 일 등에 직접 참여하여 개방된 중국 땅에 선교적인 전초기지들이 마련되도록 하는 일에 앞장섰다. 이어서 안봉화는 인도네시아에 선교적 지원을 하는 일과 멕시코 선교에 후원하는 일들에도 참여했다.

안봉화는 이 모든 선교 사업을 자기 혼자만의 이름으로 하지 않았다. 그는 이 모든 일이 여전도회 사업이 되도록 하는 일에 애썼다. 여전도회 회원들 역시 안봉화의 그런 마음을 잘 알았다. 그래서 안봉화가 회장직에 물러난 이후에도 참여하는 모든 선교적 사업에 여전도회 후배 임원들은 물심양면 지원과 봉사를 아끼지 않았다. 이후 여전도회전국연합회는 안봉화가 개척하고 열어간 길을 따라 걷고 있다. 교단의 해외선교위원회가 벌이는 다양한 종류의 선교적 사업에 참여하고 돕고 지원을 아끼지 않고 있다.

이외에도 안봉화는 여전도회전국연합회가 사회적으로 봉사하는 일과 자신을 영적으로 훈련하는 일에 온전히 매진하도록 하는 일에도 애정을 쏟았다. 여전도회는 자발적인 봉사 기관이다. 따라서 자원하는 사람들의 마음을 순전하게 하는 일이 무엇보다 중요했다. 안봉화는 여전도회의 여러 지도자와 함께 여전도회의 중요한 전통인 '수양회'가 꾸준히 이어지도록 했다. 그는 여전도회 회원들 특히 임원들과 지도자들이 수련회를 통해 마음이 깊어지고 삶이 풍성해지며, 무엇보다 덕스러운 여성으로서의 모습이 온전해지기를 간절히 바랐다. 그는 그래서 은퇴한 후에도 꾸준히 여전도회전국연합회의 수련회에 참가하고 솔선하여 앞자리에 앉아 은혜를 받는 모범을 보였다. 후배들은 솔선수범 안봉화를 어려워했다. 그러지만 그의 모습을 본받기 위해 노력했다.

장로님에게는 장로님 특유의 패션이 있습니다. 항상 화사한 정장 차림에 꽃술이 달린 모자를 쓰셨어요. 그런 모습으로 여전도회전국연합회 수련회에 오셨지요. 그런데, 장로님은 수련회 내내 그 모습을 흐트러트리지 않으셨어요. 수련회 내내 모든 집회와 모임에 다 참석하셨고 사적인 자리에서도 자세를 풀지 않으셨어요. 삼 일 내내 그렇게 자세를 유지한다는 것은 놀라운 일입니다. 저희는 그런 장로님이 항상 어려웠어요. 하지만 장로님의 저런 모습을 본받아야 한다고 생각하곤 했습니다.

안봉화는 한국성결교회 여전도회의 꽃을 피운 사람이다. 그가 여전도회의 꽃을 피우는 과정은 쉽지 않았다. 위기와 난관, 갈등과 분열의 일들이 늘 그의 봉사와 헌신의 여정에 복병처럼 숨어 있었다. 그러나 안봉화는 한국성결교회 여전도회의 꽃을 피워야 한다는 과제에 충실했다. 그는 여전도회라는 꽃나무를 화분에 심고서 그것을 정성스럽게 가꾸었다. 물을 주고 햇빛을 받게 하고 잎사귀들을 정성스레 닦아내면서 은혜로운 여전도회의 내일을 위해 늘 기도했다. 그렇게 기독교대한성결교회 여전도회는 아름답게 그리고 은혜롭게 꽃을 피웠고 결실했다.

시인 윌리엄 워드워즈William Wordsworth는 "들판에서 가장 향기 나는 꽃은 스스로 부끄러워 고개를 떨구고 있다."라고 했다. 안봉화라는 꽃이 그렇다. 그는 가장 어려운 시기 여전도회를 이끌면서 여전도회가 시대의 의미와 역할을 잘 찾아내고, 여전도회가 온전히 역할을 다하도록 기초를 닦고 기반을 다졌다. 이제 한국성결교회 여전도회전국연합회는 안봉화가 기울인 노력과 헌신 가운데 선교와 봉사, 교육과 훈련의 모든 면에서 멋진 아름다움을 발하고 있다. 오늘의 여전도회, 그 향기 가득한 사역의 들판에서 여전히 강한 향기를 발하는 것은 안봉화이다. 그는 자신이 헌신한 여전도회 사역의 들판 한쪽에서 여전히 향기를 발하고 있다. 세상 그 누가 알아주지 않고, 알아보지 못한 들 어떨까. 꽃의 참 향기를 아는 사람들은 지금도 수줍게 고개를 숙이고 있는 그의 자리를 알아보고 그를 찾는다. 그는 진정한 헌신이 무엇인지를 아는 하나님의 딸이다.

모두를 품은 성심 誠心

안봉화 평전

安奉花

1926~2022

신앙의 사람

강원도의 한 교회에서 설교하는 안봉화의 부군 나영기 장로.
안봉화 역시 하나님의 교회를 세우고 일구는 일에 최선을 다했다.

안봉화는 큰일을 하는 시간보다 하나님께 기도하며 하나님과 대화하고, 성경의
말씀을 깊이 묵상하는 시간을 더 많이 가졌다. 그는 아마도 하늘나라에서 위대한
일을 하는 사람으로 보다는 기도를 많이 한 사람으로 알려져 있을 것이다.

안봉화가 어린 시절을 보낸 선산에는 유서 깊은 교회가 하나 있다. 선산중앙교회다. 안봉화는 그 시절에는 선산읍교회라고 불리던 교회에서 교회학교 시절을 보냈다. 안봉화의 어머니는 스스로 신앙생활을 시작하면서 자녀들을 모두 선산읍교회로 보냈다. 안봉화도 어머니와 언니들을 따라 교회에 다녔다. 안봉화의 어머니는 자녀들을 교회와 신앙으로 이끌면서 자녀들에게 오직 신앙의 힘으로 살아가는 길을 열어 주었다. 어머니는 한글로 된 성경과 찬송으로 자녀들에게 문자를 깨우치도록 했고 집에서는 언제나 성경을 읽고 기도하며 찬양 부르는 일을 쉬지 않도록 이끌었다. 그뿐이 아니었다. 안봉화의 어머니는 스스로 늘 교회를 중심으로 하는 삶의 방식을 세우고서 자녀들에게도 그것을 가르쳤다. 무엇을 하든 교회를 중심으로, 주일의 예배를 중심으로 살아가는 법을 가르치고, 그것이 영적 습관이 되어 삶에 배도록 한 것이다.

종갓집 맏며느리였던 어머니의 신앙생활이 평탄한 것은 아니었다. 교회에 다니는 며느리에 대한 시댁의 핍박은 말로 다 할 수 없는 것이었다. 어머니는 선교사나 권서인이 한 해 한 번 있는 말씀 집회에 가져다주는 성경책을 구매하고는 했는데, 집안 어른들은 어머니가 소중하게 여기는 성경책을 갈기갈기 찢어 버리고는 했다. 그러면 어머니는 아무 말도 하지 않고 다 찢겨 흩날리는 성경 조각들을 하나씩 모아 불에 태우고는 했다. 안봉화는 그런 어머니 옆에서 어머니를 도와 성경책 조각을 모았던 기억을 잊을 수 없다고 말하고는 했다.

　어머니는 찢긴 성경책 조각을 모아 불태우시며 이렇게 말씀하셨어요. "하나님 말씀이 불꽃처럼 일어나 우리 집 죄악성을 태우고 온 식구가 회개하고 예수 믿게 하소서. 그리고 죄악 된 이 땅을 태우소서." 어머니는 조용히 눈물을 흘리며 집안의 복음화를 위해 간절히 기도하셨어요…. 나는 지금도 찬송가 304장을 부르면서 어머니를 생각하며 눈시울을 적십니다. 정말 풍파 많은 세상에서 선한 싸움 싸우다가 가셨는데, 이제 생명 시냇물이 흐르는 곳, 거기서 우리 주 예수님과 길이 함께 사시기를 바랍니다.

　안봉화의 어머니는 평생을 기도하며 살았다. 매일 아침 새벽이면 밥 지으러 부엌으로 들어가기 전에 항상 자녀들과 가족들 그리고 교회를 위해 목회자들을 위해 기도했다. 나라와 민족을 위해 기도했다. 안봉화의 어머니는 그렇게 기도하며 살다가 85세를 일기로 세상을 떠났다. 안봉화는 어머니의 신앙 유산을 자신의 것으로 물려받았다. 그는 어머니의 깊은 신앙의 삶을 옆에서 지켜보며 커왔던 것이 평생에 풍성하고 신실한 신앙의 삶을 살아가게 된 원동력이라고 말했다. 그리고 자신도 어머니처럼 기도의 어머니로 살기를 바라왔다.

이런 생각을 하면 나도 어머니처럼, 자식의 기억 속에 남는 어미가 되어야 할 텐데 아직도 많이 부족해요. 그런 마음이 들 때마다 나는 다시 두 손을 모으고 기도합니다. "주여, 나를 도우소서."

안봉화 가족이 다니던 선산읍교회는 일제에 합병되기 전 1904년에 외지에서 신앙을 배워온 몇몇 사람들이 선교사들의 도움 가운데 설립되었다. 교회는 설립되고 한동안 조사助事들의 인도로 예배를 드렸다. 한국 장로교회 최초의 목회자가 배출된 것이 1907년이었고 그것도 평양에서의 일이었으니 경상북도 선산에 목회자가 부임해 사역하는 일은 아직 요원하던 시절이었다. 그래서 '조사' 혹은 '영수'領袖라고 불리는 평신도 지도자가 교회를 이끌고 예배를 인도하는 경우가 많았다. 그러나 선산읍교회는 나름대로 알차게 부흥했고, 1921년에는 교회를 새로 지어 지역사회에 온전히 자리 잡는 성장을 이루기도 했다.

선산읍교회에 목회자가 처음 부임한 것은 1927년의 일이었다. 당시 전도사였던 소병영이 경북 여러 곳에서 사역하다가 경북노회의 파송으로 교회로 오게 된 것이다. 소병영 목사는 경북 구미 일대 여러 교회들에게서 동시에 청빙을 받았다. 그는 매 주일 여러 교회를 다니며 예배를 인도했다. 그러나 소병영 목사는 주로 선산읍에 머물렀다. 선산읍교회가 중심 교회였다. 어쨌든 소병영

안봉화가 어려서 신앙생활을 이어온 선산읍교회, 이제는 선산중앙교회로 불린다.

목사가 목회자로 부임하면서 선산읍교회는 본격적인 부흥의 시
대를 맞이했다. 목회자로서 소병영은 매우 신실한 사람이었다. 그
는 부임하고 곧 교회의 신앙 신조를 오직 복음과 말씀만을 따르
는 일로 굳건히 했다. 신앙을 위한 것 외에 어떤 것도 교회에 머무

르지 못하게 했고 오직 하나님을 예배하고 기도하고 말씀을 읽는 것, 그리고 신앙의 교리 안에서 온전히 사는 일만을 강조했다. 선산읍교회 성도들을 그런 소병영 목사의 지도에 순종했고 성실하게 그의 인도를 따랐다.

그러나 그 시절은 교회와 목회자 그리고 성도들 모두에게 쉽지 않은 때였다. 일제는 조선인들에게 정기적으로 신사에 참배할 것과 모임이 있을 때마다 '황궁'을 향해 절할 것을 강요했다. 교회도 예외는 아니었다. 예배 순서와 모임에서 일본 왕과 그가 사는 곳을 향해 절을 하도록 강요하는 일이 계속되었다. 그러다 결국에 일본은 조선의 교회 모두를 자기들의 어용 일본교회에 편입시키기까지 하고 조선 교회의 모든 교단과 조직을 해체해 버렸다. 그렇게 당황스럽던 시절에 선산읍교회는 소병영 목사와 함께 신앙을 지켰고 온전한 하나님의 교회로서 모습을 유지하기 위해 부단히 애를 썼다. 소병영 목사는 교회에서 일제가 가르친 노래 특히 일본 왕을 찬양하는 노래나 일본의 제국주의를 찬양하는 노래를 부르지 못하게 했다. 교회와 목회자의 올곧은 모습은 그렇게 저렇게 어린 안봉화에게 스며들었다.

안봉화는 다니던 선산읍교회를 통해 신앙의 기본과 삶의 기본을 배웠다. 선산읍교회 주일학교는 안봉화에게 기도하는 법과 성경 읽는 법, 그리고 기도와 말씀 가운데 온전한 성도의 삶을 이어가는 법을 가르쳤다. 무엇보다 안봉화에게는 좋은 신앙의 스승이 있었다. 소병영 목사의 큰아들 소동열 선생이었다. 소동열 선생은 안봉화보다 열두 살이 많았다. 그는 안봉화를 어린 여동생처럼 아꼈다. 그러면서 안봉화에게 교회의 신앙 외에도 많은 것을 가르쳐 주었다. 안봉화는 주일학교 선생 소동열을 통해 여러 가지 재능있는 것을 배울 수 있었다. 예를 들면 노래나 무용 혹은 연극을 하는 것 등이었다. 안봉화는 그때 소동열 선생에게 배운 찬양과 노래 등이 인생에 큰 힘이 되었다고 고백했다. 훗날 안봉화는 어린 시절 소동열 선생에게 배운 성가곡을 직접 녹음했다. 그리고 가끔 그 노래들을 들으며 하나님과 동행하는 삶의 힘을 그 노래들로부터 얻고는 했다.

어머니와 선산읍교회는 안봉화에게 언제고 돌아갈 기준점과 같은 존재였다. 안봉화는 어머니에게서 신앙으로 살아가는 삶의 길의 지극한 현실을 보고 배웠다. 또한 안봉화는 선산읍교회 주일학교를 통해 교회를 중심에 두고 사는 삶의 극진함을 배우고 익혔다. 이후 안봉화는 어머니를 따라 성경책을 내려놓지 않았고 선산읍교회의 가르침을 따라 교회 공동체 가운데 삶의 뿌리를 굳건하게 세우는 삶의 방식을 온전히 세워갔다.

선산읍교회 이후 안봉화는 어린아이의 신앙을 벗어나 스스로 헌신하고 봉사하는 교회 생활로 나아가게 된다. 장춘에서 다녔던 감리교회는 그가 처음 '모 교회'를 떠나 객지 교회에서 신앙생활을 한 곳이었다. 장춘에서의 신앙생활은 어려웠다. 신앙생활이 어려웠다기보다 그 주위를 둘러싼 객지의 현실이 안봉화에게 어려움을 안겨다 주었다. 당연히 안봉화에게 신경의 감리교회는 간절한 기도의 자리가 되도록 했다. 매 주일 교회에 가서 예배를 드리는 시간이면 객지 생활의 고단함과 주로 일본인들로 이루어진 학교와 병원 생활의 피곤함을 하나님께 쏟아놓고는 했다. 장춘의 교회는 객지에서 살던 그에게 여전히 하나님을 믿는 신앙은 유효하고, 교회는 여전히 그의 삶의 중심이어야 한다는 사실을 확인하게 했다. 그는 장춘에서 간호사로 훈련받고 공부하면서 어머니가 전수해준 신앙, 선산읍교회가 가르친 신앙이 여전히 중요하다는 것, 앞으로 삶에서도 중심이어야 한다는 것을 확신할 수 있었다.

신앙은 말씀과 기도, 예배를 생활화하고 습관화하는 일이 어느 정도 자리 잡히고, 그리고 교회와의 건강한 관계를 유지하는 법이 익게 되면 더 성숙한 단계로 올라서게 마련이다. 안봉화가 그랬다. 안봉화의 신앙은 장춘에서 돌아온 후 본격적으로 섬김과 봉사의 단계로 들어서게 된다.

유학을 마치고 집으로 돌아온 안봉화는 곧 대구 경북대학교 병원에 간호사로 취직하게 된다. 그리고 거기서 '경북대학교 의과대학 기독청년회'를 주도적으로 조직하게 된다. 당시 경북대학교 의과대학에는 기독교인들이 많았다. 학장으로부터 병원장, 외과와 내과 과장을 비롯해 많은 교직원이 기독교인이었고 간호사들 가운데도 기독교인이 많았다. 안봉화는 그의 일터가 신앙을 온전히 세우는 자리가 되기를 바랐다. 그의 일터에서 기도 소리가 울리고 기도하던 손으로 의술을 펼치는 일들이 일어나게 되기를 소망했다. 그는 곧 같은 신앙인이었던 간호과장과 함께 학장 고병간 박사를 찾아갔다. 고병간 박사는 후에 경북대학교 총장까지 역임하는 인물이었다. 고병간 박사는 찾아온 신앙의 동지들을 반갑게 맞이해 주었다. 그리고 그들의 청을 곰곰이 듣고서 곧 병원 내 여러 기독인 교수들에게 연락해 신우회를 조직하자고 제안했다.

기독청년회 설립은 빠르게 진행되었다. 그리고 첫 모임이 그주 수요일 아침 7시부터 8시 사이에 이루어졌다. 병원 내 몇몇 기독인들이 모임에 참석했다. 첫 모임에는 많은 사람이 참여하지 않았다. 직장의 신우회 모임이 아직 낯설게 여겨지던 시절이었다. 첫 모임에서 참석한 사람들은 대구 봉산장로교회에 다니는 경북대학교 의과대학 교양학부 교수인 김성혁 집사를 회장으로 선출했다. 안봉화는 그 모임의 총무가 되었다. 그렇게 조직이 갖추어지자 매주 수요일의 모임은 은혜롭게 진행되기 시작했다. 대구 시내 목회자들이 돌아가며 예배를 인도하고 말씀을 전했다. 김성혁 집사와 안봉화는 병원 내 신앙인들에게 모임을 소개하고 참석을 권유했다. 그렇게 사람들 사이에 신우회 모임이 알려지게 되자 작았던 수요 모임은 점점 자리를 잡게 되고 많은 수의 신앙인들이 수요일 직장예배에 함께 하게 되었다.

경북대학교 기독청년회는 6·25전쟁이 일어나기 전까지 왕성하게 활동했다. 1949년 봄에는 여수의 성자라고 알려진 손양원 목사를 초청해 집회도 열었다. 손양원 목사는 주기철 목사와 함께 일제의 신사참배를 거부하고 모진 고문을 당하고 투옥된 인사로 널리 알려져 있었다. 그뿐이 아니었다. 손양원 목사는 미국 남장로교 선교사 윌슨Robert M. Wilson이 최흥종 목사와 함께 여수에 세운 한센병 환자들의 집단 치료소 '애양원'을 사명을 다해 지키고 이끈 인물로도 유명했다. 그는 해방 후 한국 사회에 등불 같은 사람이었고 한국교회를 이끄는 참된 지도자 가운데 한 사람이었다. 그래서인지 집회에는 정말 많은 사람이 모여들었다. 손양원 목사의 힘은 정말 대단했다. 손양원 목사는 경북대학교 병원의 신앙인들과 청년들에게 "지조 있는 신앙과 실천하는 신앙"을 강조했다. 많은 젊은이가 손양원 목사의 간증 섞인 말씀 전파에 큰 감동을 얻었다. 안봉화 역시 마찬가지였다. 안봉화는 그때 손양원 목사가 전한 메시지를 이렇게 기억하고 있다.

그분의 말씀 중에 이런 말이 있었습니다. "기세가 당당한 이 땅 위의 철의 장막은 얼마 안 가 무너지는 날이 올 것이나 기독교는 세계 종말까지 우리 존재와 같이 갈 것이다." 그때 한참 끓어오르는 공산 세력의 준동을 두고 하신 말씀이었는데, 생각해 보니 그분은 그 얼마 전 아들들을 공산주의자들에게 잃었잖아요. 얼마나 마음이 아팠을까요. 그분의 불끈 쥔 두 손이 여전히 기억에 남습니다.

경북대학교 병원 기독청년회는 병원의 모든 사람에게 신실하게 봉사했다. 봄에는 신입생이나 신입회원 환영회를 치르고 여름에는 야외나들이 겸 수양회를 열기도 했다. 시시때때로 병원에 오가는 사람들을 위해 쌀밥과 고깃국을 대접하기도 했다. 치료를 위해 먼 길을 걸어와 병원을 찾은 사람들에게 밥 한 끼라도 잘 대접하는 것이 기독청년회가 해야 할 중요한 일 가운데 하나였다. 그 시절은 그런 것들이 봉사였고 헌신이었다. 안봉화는 그 모든 봉사와 헌신, 사역에서 늘 맨 앞줄과 맨 뒷줄에 서 있었다. 그는 회장인 김성혁 집사와 함께 사람들을 이끌었고, 홀로 맨 뒷줄에 서서 궂은일을 도맡아 했다. 안봉화는 원래가 조직과 공동체를 위해 헌신하기를 즐기는 사람이었다. 그런데 거기에 신앙의 힘이 더해지자 그에게는 말 그대로 초월적인 성령의 힘이 나타나기 시작했다. 그는 그렇게 포항으로 임지를 옮기기 전까지 경북대학교 병원 기독청년회를 앞에서 이끌고 뒤에서 떠받치는 지도자로 바르게 서 갔다.

고통스러운 6·25 전쟁의 시간이 지나고 안봉화는 다시 대구 경북대학교 병원으로 돌아왔다. 병원은 옛날 같지 않았다. 전쟁은 여러 사람에게 상처를 남겼고 병원과 사람들 역시 전혀 낯선 곳

안봉화가 기독청년회를 세워 활동한 경북대학교 병원, 이제 전국적으로 환자를 돌보는 큰 병원이 되었다.

이 되어 있었다. 하지만 이때도 안봉화는 특유의 신실함으로 병원에 빛이 되고 꽃이 되었다. 일단 전쟁 전에 만든 기독청년회를 다시 회복시켰다. 교수와 의사, 학생, 간호사, 그리고 병원의 기독인들이, 그리고 동시대에 신앙을 가진 사람들이 전쟁 가운데 겪은 아픔들을 나누고 그러는 가운데 병원에 오가는 사람들, 대구

사회에 희망을 전하는 사람들이 되도록 간절히 기도했다.

그 사이 간호사들의 모임도 새롭게 조직했다. 이름은 백권회白權會라고 지었다. 안봉화는 우선 간호사들이 전쟁으로 모든 것이 부족해진 세상에서 정직하고 성실하게 그리고 바르게 업무에 충실하도록 격려했다. 그리고 병원 내에서 간호사들이 어려움 없이 일하고 생활할 수 있도록 처우를 개선하는 일에도 앞장섰다. 안봉화와 간호사들의 모임인 백권회는 그야말로 대구 사회의 백의천사라는 찬사를 들었다. 많은 사람이 백권회가 있는 경북대학교 병원을 칭찬했다. 그것은 모두 안봉화의 깊고 신실한 신앙에서 출발한 마음 덕분이었다. 그는 함께 하는 모든 이들을 그가 가진 신앙의 넓고 풍성한 그늘에 머무르게 해주었고 거기서 힘을 얻게 했다. 안봉화는 이제 무엇이든 '예수의 이름으로' 풍성하게 그리고 온전하게 하는 일에 탁월해지기 시작했다.

이후 결혼과 더불어 안봉화의 신앙생활은 남편 나영기의 신앙생활과 발을 맞추는 방식으로 변화하고 발전했다. 나영기는 당시 대구 봉산성결교회의 집사였다. 나영기는 안봉화 자신의 고백대로 "기도의 사람"이었다. 그는 말이 많지 않고 성품이 온화한 사람이었다. 그러나 그를 아는 사람은 그의 부드러움 뒤쪽에 강직한 대나무들이 장막을 치고 있다고 말하고는 한다. 그는 정말 불의를 보고 그저 넘어가지 않는 사람이었다. 그는 그 불의를 살피고 해결하지 않는다면 자신도 같은 죄인이라고 여기는 사람이었다. 그는 자기보다 나이가 적거나 많거나 구별하지 않고 언제나 예의를 갖추었고 사람들의 이야기에 귀를 기울일 줄 아는 사람이었다. 자기가 십자가를 질지언정 남에게 그것을 떠넘기는 일은 절대로 하지 않을 사람이었다.

그는 교회의 일과 공적인 봉사를 무엇보다 중요하게 여기는 사람이었다. 전쟁이 끝나고 모두가 어려울 때 그가 몸을 담고 있던 성결교회는 교단 차원에서 세계구호위원회WRC의 강원도 일대 식량 배급을 일부 감당했다. 나영기는 1958년부터 이 일을 맡아 무려 7년간 성실하게 사업을 수행했다. 그는 정선에서 강릉에 이르는 오지 곳곳의 교회들을 다니며 구호물자와 식량을 나누어주는 일을 담당했는데, 대부분이 그가 봉사하고 헌신해야 하는 일들이었다. 그는 사람들이 그 일은 이제 그만해도 된다고 누차 말을 해도 스스로 그 일에서 발을 빼지 않았다. 그리고 그때 강원도 일대에 맺은 인연으로 스스로 1961년에 미면교회를 개척하고, 1964년에는 강릉에 정화진교회를 하나 더 개척했다. 그 외에도 그는 강원도에서 몇 교회를 더 개척했다. 누가 시키고 부탁해서 한 일이 아니었다. 그 스스로 남을 돕느라 다닌 섬김의 길을 다시 개척의 길로 새롭게 일군 것이다. 그 길이 무척이나 고단했으리라는 것은 두말할 필요가 없다.

또 이런 일도 있었다. 대구 지방회 내의 한 교회 목회자가 술에 빠져 산다는 소문이 돌았는데, 누구 하나 나서서 그 문제를 치리하려 들지 않았다. 나영기는 스스로 나서서 지방회에서 그 문제를 다룰 수 있게 했고 결국 그 목회자를 치리하게 했다. 그뿐이 아니었다. 그 교회의 장로가 당시 유행하던 '역사적인 예수'에 대한 해석에 빠져서 스스로 『올바른 성서관』이란 책을 쓰고 거기서 예수님의 동정녀 탄생이나 십자가 사건, 부활과 재림을 부인하는 이야기를 다루자, 나영기는 그것 역시 치리의 대상으로 삼고 그 장로가 더 이상 교회 안에서 성찬에 참여하지 못하게 하는 판결을 받게 했다. 나영기는 그런 사람이었다. 그런 나영기에 대해 봉산교회에서 사역하고 후에 수원교회에서 사역한 송기식 목사는 이렇게 평을 했다.

그는 성결한 그리스도인으로 살기를 원했다. 그래서 신자가 극장이나 다방에 출입하는 것은 성결 생활을 방해한다고 보았기 때문에 일절 가까이하지 않았다. 성결교회의 장로는 모범을 보여야 한다고 주장했다.

『성결교회 인물전』, 제6집, 성결교회 역사와 문화연구회 간, 2003.

안봉화는 나영기의 고지식하고 흐트러짐 없는 신앙, 어려움은 고스란히 자신이 떠안는 식의 삶의 태도를 어려워했다. 결혼해서 한동안 안봉화는 남편의 신앙생활과 삶의 방식을 이해하기 어려웠으나 남편이니 받아들이고 순응하는 마음을 품었다. 그리고 곧 그런 남편과 생활하는 방식을 나름 터득하기 시작했다. 남편의 신앙은 남편의 신앙이나 본인의 신앙은 본인의 신앙이라는 식이었다. 남편은 어떻게 하든 안봉화 본인은 본인대로의 신앙생활 그리고 교회 생활을 하면 된다는 식이었다.

그런데, 남편 나영기의 신실함이 마음의 짐으로 작용했다고 해서 그의 신앙생활이 문제가 생긴 것은 아니었다. 결혼 후 남편의 교회에 정착한 안봉화는 곧 집사 직분을 받고 교회에 헌신하기 시작했다. 그는 교회에서 성가대와 청년회 그리고 주일학교 봉사까지 도맡았다. 곧이어 여전도회 활동에도 적극적으로 임했다. 그래서 여전도회 회장의 역할도 맡게 되었다. 그는 곧 봉산교회에서 빼놓을 수 없는 사람이 되었다. 그는 주간에는 조산원과 의원 일로 주일에는 교회 일로 바쁜 생활을 이어갔다.

주일이면 아침부터 저녁 늦게까지 교회 여기저기서 헌신하고 봉사했다. 오전에는 주일학교 유치부와 그리고 예배 성가대 봉사를 했다. 점심은 집에서 도시락을 가져와 교회 여전도사님 방에 두었다가 먹었다. 그렇게 다시 오후가 되면 다시 중고등부 학생들을 지도하고 잠시 귀가했다가 저녁에 다시 저녁 예배를 드리러 교회로 오는 생활이었다. 그뿐이 아니었다. 그가 다니던 봉산교회는 당시 경북 일대의 중심 교회 가운데 하나였다. 그래서 지역 내 작은 교회를 위한 지원과 협력에 앞장서야 했다. 이 일도 역시 안봉화의 몫이었다.

안봉화는 여름이면 농촌의 작은 교회들을 위한 성경학교 봉사 활동에 적극적으로 임했다. 그 일은 안봉화의 봉산교회 동지들, 임태순 집사, 박옥남 집사가 함께했다. 세 명의 봉사자는 교통편도 불편한 시골교회들을 찾아 나섰다. 자기들이 먹을 양식과 옷가지 등을 포함해, 시골교회 아이들에게 줄 선물과 상품 그리고 간식 및 시골 사람들을 위한 의약품을 직접 지어 나르는 어려운 여정이었다. 가끔은 마을의 이장이나 면장 혹은 파출소 소장에게까지 줄 선물을 챙기기도 했다. 당시 대구에서 경상북도의 깊은 시골로 들어가는 길은 여의찮았다. 우선 몇 시간을 버스를 타고 구불구불 시골길로 들어간 뒤 다시 몇십 리 비포장 자갈길을 걸어가야 했다. 비포장 자갈길은 시골교회 청년들이 마중을 나와 짐을 옮겨 주기도 했다. 그것도 상황이 허락하지 않으면 셋이서 혹은 그 교회 담임 목회자나 장로와 함께 몇 번을 지고 날라야 하는 형국이었다. 다음은 그 뜨거웠던 여름에 대한 안봉화 자신의 기록이다.

낮에는 어린이들을 모아놓고 성경 말씀, 노래, 무용 등으로 여름성경학교를 진행하고 밤이 되면 마을 사람들을 모아 건강에 대한 강의도 해주고, 또 임산부가 있으면 진찰도 해주고 상담도 해주었다. 첫날에는 몇 사람 안 되던 것이 며칠이 지나면 교회 마당에 사람들이 가득 모여서 밤

새는 줄 모르게 묻고 답을 하고는 했다. 그러다 보면 어느 새인가 새벽이 되고 동이 트는 날도 있었다. 그곳에 있으면서 새벽녘에 사람들이 돌아간 후 우리 세 사람은 아무도 없는 어두침침한 냇가에 앉아 온종일 땀에 젖은 몸을 씻어내고는 했다. 그럴 때는 너무 기분이 좋아 "이 새벽에 우리 아무도 없는 곳에서 하늘을 향해 마음껏 찬양하자"라고 말하며 목청껏 찬송을 불렀다. 우리의 찬송 소리는 그렇게 새벽 공기를 가르고 하늘로 높이 올랐다.

매년 여름 안봉화의 시골교회 일주일 봉사는 사실 쉽지 않았다. 그렇지만 안봉화는 즐거웠다. 안봉화는 이런 종류의 어려움을 이기고 보람되게 봉사하는 일에 적격인 사람이었다. 그는 어려운 시간, 헛헛할 수 있는 마음을 찬양으로 풀어내 기쁨의 곡식단으로 돌아오게 하는 일에 훌륭한 사람이었다. 대구 봉산교회 시절 안봉화는 온갖 종류의 봉사와 헌신으로 가득 찬 신앙생활을 이어갔다. 그러는 사이 그의 조산원과 의원도 크게 성장하고 발전했다. 모든 것이 하나님의 은혜와 사랑 가운데 풍성한 시간이었다.

대구 생활을 뒤로 하고 청주로 와서 새로운 사업을 시작하면서 안봉화에게는 전혀 새로운 방식의 신앙생활이 열렸다. 청주에서 안봉화는 성결교단 소속인 청주 서문교회에 출석했다. 그리고 남편 나영기가 개척한 청광교회에 잠시 몸을 담았다. 그러나 그 시간은 오래지 않았다. 남편과 사별하고 청광교회가 자리를 잡지 못했기 때문이다. 안봉화는 평소 잘 알고 지내던 손덕용 목사가 서원교회로 부임하면서 서원교회에 새롭게 정착하게 되었다. 서원교회에는 남편 나영기 장로와 친분이 깊었던 김종호 장로가 출석하는 교회이기도 했다. 청주 서원교회는 안봉화에게 제2의 모교회와 같은 곳이었다. 서원교회의 시작과 발전은 각별했다. 교회는 1968년에 서문교회 지교회로 개척이 되었다. 불과 십여 명 남짓 인원이 셋방에서 교회를 시작했다. 그리고 얼마 후 교회는 한국도자기를 운영하던 김종호 장로의 지원으로 새로 부지를 얻어서 건축했다. 교회 이름도 청신교회로 새로 개명했다. 이어서 김종호 장로는 회사 직원들의 영적 구원이 중요하다는 생각에 서문교회와 협의한 끝에 자신과 가족이 청신교회로 이명을 한 뒤 교회를 한국도자기 직원들이 영적인 성장을 도모할 수 있는 처소가 될 수 있도록 했다. 교회로서는 중요한 일터 선교의 전기가 된 셈이다. 이후 김종호 장로와 청신교회는 한국도자기 회사와 공장이 가까운 청주시 우암동에 새로 교회를 건축하고 교회 이름도 서원교회라고 개명한 뒤 본격적인 일터 선교 교회로 새롭게 사역을 시작했다.

그러나 서원교회는 뜻하던 대로 일터 선교를 위한 교회로 자리 잡지 못했다. 교회의 정체성을 제대로 세워갈 수 없었다. 여러 가지 문제가 있었지만 서원교회 역사책이 이야기하듯 가장 큰 문제는 기존 성도들과 한국도자기로부터 유입된 성도들 사이 갈등이었다. 결국 교회는 김종호 장로를 비롯한 중진들의 협의 끝에 서원교회와 성산교회로 분열되고 담임 목회자인 유재철 목사는 성산교회로 이임하기로 했다. 그렇게 서원교회는 다시 새로 시작하는 교회가 되었다. 새로운 서원교회에는 부여에서 목회하던 손덕용 목사가 부임하게 된다.

안봉화는 서원교회가 원치 않게 갈등을 겪고 분열하던 시대의 끝, 새로운 시작을 알리는 시점에 교회에 합류했다. 그리고 거기서 손덕용 목사의 목사위임식과 함께 권사로 세움을 받았다. 손덕용 목사의 부임과 사역에 더해 안봉화 권사의 교회를 향한 지극한 섬김과 헌신은 서원교회가 새로운 사역의 지경으로 나아가는데 중요한 동반 상승으로 작동했다. 서원교회는 이 시점으로부터 교회의 진정한 부흥의 시대로 들어서게 되었다. 물론 김종호 장로는 변함없는 마음으로 교회를 위해 헌신했고, 새로 부임한 손덕용 목사의 사역을 위해 물심양면의 지원을 아끼지 않았다.

이 시기 안봉화는 나영기의 유훈을 이어가는 일에 관심을 쏟았다. 청광교회가 온전히 자리를 잡아 새로 출발할 수 있도록 하는 일이었다. 청광교회는 남편이 마지막 혼신을 쏟았던 교회이니만큼 남편의 뜻을 따라 교회로 온전히 서야 했다. 안봉화는 그 일을 늦출 수 없었다. 안봉화는 손덕용 목사와 김종호 장로의 조언과 도움을 얻었다. 섣불리 움직이지는 않았다. 안봉화는 손덕용 목사의 협력하는 기도와 함께 자신도 기도했고 또 기도했다. 그때 마침 서원교회로부터 분립해 나간 성산교회가 어려움 속에 있다는 소식이 들려왔다. 손덕용 목사와 김종호 장로 그리고 지방회의 지도자들은 성광교회를 청광교회로 개명하는 조건으로, 그렇게 새로 개척하는 마음으로 교회를 새롭게 시작할 수 있도록 하는 일에 뜻을 모았다. 안봉화로서는 좋은 계획이었다. 안봉화는 청주시 영운동에 땅 2천 평을 기증했다. 안봉화의 지극한 뜻을 잘 아는 손덕용 목사와 김종호 장로는 교회 건축을 물심양면 도왔다. 특히 손덕용 목사는 수고와 헌신을 아끼지 않았던 나영기 장로의 사명이 고스란히 이어지는 교회로서 청광교회가 온전히 세워질 수 있도록 영적인 지도와 격려를 아끼지 않았다. 교회에 좋은 목회자가 설 수 있도록 하는 일에도 적극적으로 나섰다. 이렇게 해서 안봉화는 남편이 처음 개척했고 헌신했던 청광교회의 이름을 새로운 교회에 주었다. 남편의 귀한 뜻을 드디어 이룬 것이다.

이후 안봉화는 서원교회에서 충성스럽게 봉사했고 헌신했다. 그는 서원교회에서도 여전도회 사역을 중심으로 교회를 위해 봉사했다. 그를 통해 서원교회 여전도회는 질서 있게 되었고 교회의 여전도회로서 온전한 모습을 세워가게 되었다. 안봉화의 재능과 역할은 결국 서원교회의 담장을 넘어가기 시작했다. 앞에서도 이미 언급했지만, 안봉화는 전부터 지역 단위 혹은 전국단위 성결교회 여전도회연합회 사역에 많은 관심을 보였다. 80년대 들어

안봉화가 평생 직분자로 헌신한 청주서원교회

서 여전도회 특히 여전도회전국연합회 내에서의 안봉화의 역할
은 점점 더 확고해졌다.

안봉화는 서원교회의 요셉이었다. 야곱이 집을 떠나 우여곡절
끝에 애굽에서 총리가 된 아들 요셉에게 너는 "열매가 주렁주렁
한 가지, 샘가에 늘어진, 열매가 주렁주렁한 가지, 담장 너머 뻗어

가는 가지라"고 칭찬했는데,장 49:22 그 칭찬은 다름 아닌 안봉화를 이야기하는 것이었다. 안봉화는 서원교회라는 맑은 샘가에 굳건하게 뿌리 내리고서 그 담을 넘어 길가를 향해 크게 가시를 뻗는 나무로 힘차게 자라갔다. 그래서 많은 사람이 그가 맺는 열매를 먹고 그가 뻗은 가지와 잎사귀 아래에서 쉼을 얻었다. 안봉화는 자기 뿌리가 서원교회인 것을 잘 아는 지혜로운 사람이었다. 그는 자신이 연합회와 교단 그리고 세상에서 일구는 그 모든 놀라운 일들이 교회에 뿌리내려 누리는 안정적인 영적 영양공급으로 가능한 것임을 잘 알았다.

사람들은 조금이라도 이름을 얻게 되면, 조금이라도 명예를 누리게 되면, 곧 자신이 서 있는 자리, 자라 온 곳, 진정한 자양분의 공급처를 잊고는 한다. 자신이 어디서 자원을 얻어 성장하고 번성하게 되었는지를 쉽게 잊는 것이다. 그렇게 많은 지도자가 근본을 잃고 길을 잃고 결국 말라비틀어져 시들고 말았다. 안봉화는 그런 종류의 얄팍한 사람이 아니었다. 안봉화는 자기 뿌리를 든든하게 하는 일의 중요성을 잘 아는 사람이었다.

그는 자신이 서원교회로부터 얻은 영적인 자원을 세상에 공급하는 수단이라는 사실 위에 온전히 선 하나님의 사람이었다. 그래서 안봉화는 그 모든 바쁜 연합회 사역과 교단을 위한 일들 사이사이에서 주일을 지키는 일과 수요예배나 금요기도회, 새벽기도를 드리는 일을 게을리하지 않았다. 그는 아무리 밤늦은 시간

안봉화가 여행마다 들고 다니던 작은 성경책과 돋보기

에 돌아오더라도 다음 날 새벽 교회의 기도 자리를 지키는 일을 쉬지 않았다. 교회 집회 시간이나 예배 시간이 다가오면 집으로 가던 발걸음을 돌려 교회로 가서 거기서 잠시 숨을 돌리고 예배와 집회에 참석했다. 회의나 행사 때문에 멀리 출타해 있을지라도, 그는 그곳에서 교회 강단과 십자가, 목사님을 앞에 둔 심정으로 늘 기도하기를 멈추지 않았다. 그는 어느 곳을 가든 성경책을 들고 다니는 일을 잊지 않았다. 지금도 그의 유품으로 남아 있는 작은 성경책 하나, 그리고 돋보기 하나, 그것은 그가 어디에 뿌리를 내리고 있는 사람인지 알 수 있는 것들이다. 그 시절 안봉화와 동행해 연합회 일과 교단 일을 함께했던 청주 여전도회 동역자들은 그의 성실함에 대해 이렇게 입을 모았다.

여전도회연합행사나 교단의 행사가 수요일에 끝나는 경우가 많았어요. 행사를 함께 치른 여러 임원들과 마무리를 하고 청주로 돌아오면 저녁때가 다 되었지요. 그러면 권사님은 곧장 집으로 돌아가지 않으셨습니다. 권사님은 항상 교회로 가서서 잠시 쉬신 후에 수요예배에 참석하고 집으로 돌아가셨어요. 그 길을 함께 한 우리도 권사님을 따랐지요. 권사님은 그렇게 교회 생활과 자기 신앙생활에 철두철미한 분이셨어요.

안봉화에게는 사실 서원교회보다 더 깊은 곳에 하나님을 향한 '성심'誠心이라는 것이 있었다. 안봉화의 깊은 성심에는 일종의 계기가 있었다. 그 첫 번째는 남편의 갑작스러운 죽음이었다. 남편 나영기는 청광교회를 개척하고 거기서 교회와 하나님 나라를 위해 수고하다가 하나님의 부르심을 받고 세상을 떠났다. 아직 예순둘이라는 '젊은 나이'에 하나님의 부르심을 받은 것이다. 안봉화로서는 하늘이 무너지는 것 같았다. 그러나 교회와 하나님을 위해 수고하고 헌신하다 떠난 것이니 누구를 탓할 수 없는 일이었다. 남편의 신앙은 고스란히 자신과 자녀들을 통해 전해지고 지켜져야 했다. 안봉화는 남편의 교회를 위한 남다른 충성과 헌신을 자신만의 것으로 해석하고 자신만의 것으로 화化해 평생 신앙의 신조로 삼았다. 안봉화는 그렇게 남편의 신앙하는 방식, 즉 교회와 하나님 나라를 위해 충성하고 헌신하는 방식을 자기 것으로 삼아 신실한 자기 신앙의 길을 열어갔다.

다른 하나의 계기는 안타깝지만 바로 아들의 죽음이었다. 아들 나건일은 남편 나영기가 하나님의 부르심을 받고 세상을 떠난 뒤 아직 그 아픈 마음이 가시기 전 1983년 갑작스레 사고로 세상을 떠났다. 하나밖에 없는 아들의 죽음은 안봉화를 무너지게 할 만큼 큰 충격으로 다가왔다. 안봉화는 세상 모든 아들을 잃은 어머니의 고통스러운 마음에 몇 길이나 더 깊은 충격의 나락으로 떨어졌다. 말을 잃었고 생각을 잃고 결국에 마음과 영혼이 온전히 길을 잃었던 시간이었다. 그리고, 어머니 안봉화의 아들을 잃고 함께 잃어버린 인생의 길은 이후 결코 회복될 수 없었다. 안봉화는 아들과 함께 잃어버린 자기 인생의 아름다운 꽃길을 골짜기 깊은 곳에 그대로 두었다. 어둡고 차가운 길이었다. 아들이 없으니 이제 어머니로서 아들과 함께 걷던 길은 안봉화 인생의 빛도 들지 않는 어두운 골짜기, 아무도 찾지 않는 골짜기가 되어 남았다.

아들을 잃은 안봉화는 골짜기에 갇혀 살지는 않았다. 안봉화는 그럴 수 없었다. 그는 여전히 남은 자식들과 손주들의 어머니

안봉화가 자신만의 성소로 삼았던 집안 거실의 성경 읽던 자리

이며 할머니이고, 교회의 지도자였으며, 그가 운영하는 사업체의
수장이었다. 아들과 아들 가족의 장례를 치른 안봉화는 꿋꿋하
게 공인으로서 자기 길을 걸었다. 교회에서는 여전히 충성스러운
일꾼이었으며 담임목사님을 비롯한 여러 사역자에게는 순종하
고 헌신하는 조력자였다. 남은 딸들과 손주들 그리고 식솔들에게
도 역시 든든한 어머니, 할머니로서 역할을 다했다. 그렇게 그는

일어서서 예전과 다름없이 굳건하게 가족들을 위해, 사업을 위해 그리고 교회와 하나님 나라를 위해 충성하고 헌신했다. 아들을 잃고 장례를 치르고 돌아서서 그는 성경 사무엘하서 12장 22~23절을 읽었다. 그리고 스스로 굳건해지기를 다짐했다. 그때 마음을 그는 이렇게 기록한다.

구약 사무엘하 12장 22~23절에 "이르되 아이가 살았을 때 내가 금식하고 운 것은 혹시 여호와께서 나를 불쌍히 여기사 아이를 살려 주실는지 누가 알까 생각함이거니와 지금은 죽었으니 내가 어찌 금식하랴 내가 다시 돌아오게 할 수 있느냐 나는 그에게로 가려니와 그는 내게로 돌아오지 아니하리라 하니라"라는 말씀이 나에게 큰 위로와 결단의 힘을 주었다.

안봉화는 다윗이 아들을 위해 금식하다가 아들이 죽자 다시 일어서서 음식을 먹고 몸단장하고 나라의 왕으로서 다시 선 것처럼, 다시 가족과 교회와 그리고 사람들 앞에 꽃 모자를 쓰고 다시 섰다.

안봉화는 이후 아들을 잃었다는 마음의 골짜기를 두고 살았다. 안봉화는 이후에도 교회와 사업체 그리고 교단과 세상 곳곳에서 높은 산봉우리들에 무수히 올라서며 사람들 사이에서 빛과

도 같은 사람으로 살았다. 그러나 그렇게 높은 산봉우리를 넘나
드는 사이사이 그는 아들을 잃었다는 깊은 상심의 골짜기들도 함
께 마주했다. 빛나는 산봉우리 하나 올라서고 나면 어김없이 그
는 상심의 깊은 골짜기로 내려섰다. 이런 식의 삶은 이후 안봉화
의 여생 전체를 지배했다. 그러나 안봉화는 그 골짜기가 자기를
지배하도록 두지는 않았다. 안봉화는 그 골짜기를 자기만의 성소
sanctuary로 삼고 거기를 기도하는 곳으로 삼았다.

1983년 아들 건일을 잃은 후 안봉화는 남편 나영기의 유훈을
따라 교회와 하나님 나라를 위해 변함없이 충성과 헌신을 다했
다. 많은 목회자를 섬기고 그들의 사역을 돕고 또 그러는 사이 그
가 이끌던 성결교회 여전도회를 은혜와 능력의 단체로 올려세웠
다. 교회와 교단에 여성 목회자를 세우는 일을 위해 최선을 다했
고, 교회 공동체 안에 여성 장로가 서는 일을 위해서도 자기가 할
수 있는 모든 노력을 기울였다. 그러는 사이사이 안봉화는 상심
의 골짜기로 가서 거기서 자기만의 제단을 쌓고 거기서 하나님을
만났다. 그는 아들을 떠나보낸 상심의 마음 가득한 그 골짜기를
기도 소리가 울리고 찬양 소리가 퍼져나가며 하나님을 예배하는
빛의 공간이 되도록 했다.

안봉화는 아들을 잃고 얻은 상심의 골짜기에 수시로 내려가 거
기서 작은 등불을 켜고 홀로 앉았다. 그는 거기 먼저 간 아들과의
온갖 추억이 아픔으로 밀려오는 자리에 앉아 성경을 읽고, 기도

하고, 홀로 찬양하며 시간을 보냈다. 그는 아들과의 추억이 떠오르면 성경을 읽었고, 처참하게 세상을 떠난 아들과 며느리 그리고 손자가 겪었을 아픔이 생각나면 기도 소리를 높였다. 아들 생각에 주저앉아 일어나지 못할 것 같으면 자세를 고쳐잡고 홀로 하나님을 경배하고 찬양하며 그 주체할 수 없는 좌절의 구덩이를 예배의 자리로 변화하게 했다. 안봉화는 그렇게 슬픔의 아골 골짜기를 예배가 있는 은혜로운 길이 되게 했다. 이것이 아내가 되고 어머니가 된 후 안봉화가 살았던 경건한 하나님 사람의 깊이 있는 내면의 참모습이었다.

안봉화의 손녀 신선정은 할머니의 일상의 모습을 이렇게 기억한다.

> 고등학교 친구에게 이런 이야기를 들은 적이 있어요. 그 친구는 등하굣길에 할머니 집 앞을 늘 다녔는데, 집 앞을 지날 때마다 할머니는 거실에 마련된 테이블에 앉아 무언가를 읽고 계셨었다는 거예요. 나는 할머니가 읽고 계셨었다는 것이 성경책이라는 것을 알고 있었죠. 할머니는 제가 뵐 때도 늘 성경책을 읽고 계셨거든요.

1997년 안봉화는 70세가 되던 해에 교회의 권사직을 내려놓으면서 명예 권사가 되었다. 그리고 많은 일들로부터 일정부분

안봉화가 모든 예배와 집회에 참석하여 자리를 지켰던 청주 서원교회 예배당

거리를 두기 시작했다. 대신 개인적인 경건 생활에 많은 시간을
할애했다. 명예 권사 안봉화는 특별히 아프지 않은 한 교회의 모
든 종류 예배와 집회에 빠지지 않았다. 그는 항상 새벽예배를 다
니며 기도했고 수요예배와 금요기도집회를 거르지 않았다. 그
바빴던 주일의 모든 일들은 이제 추억이 되었다. 안봉화는 주일
이면 조용히 자기 예배 자리로 가서 거기 앉아 기도하고 찬양하

고, 그리고 말씀을 경청했다. 교회의 여러 행사나 일들에도 특별히 관여하지 않았다. 교회의 원로로서 잔소리는 조금 늘어놓았을지언정 그 일의 결정권자가 되거나 주도권을 쥐거나 하지 않았다. 오히려 뒤에서 기도하는 경우가 훨씬 많았다. 그것이 물러난 사람에게 합당한 모습이라고 여긴 것이다. 안봉화의 마지막 교회 생활을 기억하는 송성웅 목사는 그때를 추억한다.

장로님은 주일의 예배와 주간의 집회에 빠지지 않으셨어요. 정해진 시간에 항상 지정된 자기 자리에 와 앉아 계셨어요. 그리고 기도하셨어요. 시간이 지나면서 장로님은 개인적인 경건의 시간을 점점 늘려가셨어요. 몸이 점점 힘들어지고 거동이 어려워질수록 더욱 열심히 성경을 읽으셨고, 기도하셨어요. 장로님은 노년의 빈 시간 모두를 하나님과 동행하려 애쓰셨지요. 그 길을 뒤따르는 본이 되는 어르신이었습니다.

안봉화는 인생의 마지막 시간을 성경과 더불어 보냈다. 그는 늘 기도했고, 성경을 묵상했으며 예배하는 삶으로 날들을 채웠다. 많은 사람은 안봉화를 큰일 하는 사람, 대단한 일 하는 사람으로 기억하지만, 안봉화는 큰일을 하는 시간보다 하나님께 기도하며 하나님과 대화하고, 성경의 말씀을 깊이 묵상하는 시간을 더 많이 가졌다. 그는 아마도 하늘나라에서 위대한 일을 하는 사람으로 보다는 기도를 많이 한 사람으로 알려져 있을 것이다. 안봉화는 확실히 일을 많이 하는 사람이기보다 기도를 많이 하는 사람이었다.

신실한 사람

전국권사회총회에 참석한 안봉화

안봉화는 예수님께서 그렇게 하신 것처럼 자기를 찾아오는 사람들 하나하나를 놓치지
않고 그 모든 사람에게 격려와 도움과 지원과 힘을 보태는 일 등의 모든 것을 아낌없
이 베풀었다. 그는 또한 자신이 품어야 하는 사람들 단 한 사람에게도 소홀함을 보이
지 않았다.

"내가 바르게살기운동본부 청주지부 위원이기 때문에
당신을 가르칠 의무가 있다."

운전하던 김금자 목사는 깜짝 놀랐다. 안봉화의 목소리가 크
다는 것은 평소 알고 있었지만 그렇게 크게 내는 소리는 처음 들
었다. 안봉화를 태우고 청주 시내를 지나던 김금자 목사는 신호
를 받기 위해 대기 중이었다. 그런데 오른쪽 차량의 창문이 열리
더니 운전자가 담배꽁초를 대로에 버리는 것이 아닌가. 조수석에
앉아 그 모습을 보던 안봉화는 운전자에게 정중하게 충고했다.
"선생님, 그렇게 대로에 꽁초를 버리면 어떻게 합니까? 쓰레기통
에 버리세요." 그러자 상대편 운전자는 노인네의 충고가 귀에 거
슬렸는지, 이렇게 대꾸했다. "당신이 뭔데 나에게 이래라저래라
하는 겁니까? 싫습니다." 그러자 안봉화는 곧 호랑이처럼 큰 소리
로 운전자에게 소리를 질렀다. "내가 바르게살기운동본부 청주지
부 위원이니 나는 당신을 가르칠 의무가 있습니다." 바르게살기
운동본부 위원이라는 그 말보다 노인네의 쩌렁쩌렁한 외마디에
운전자는 기가 죽고 말았다. 결국 죄송하다고 말하며 자기가 버린
꽁초를 주워 담고서 신호가 바뀌기를 기다려 재빨리 사라졌다.
안봉화는 대쪽 같은 사람이었다. 잘못된 일은 그대로 넘기는
법이 없었다. 상대가 누구든 가리지 않았다. 그는 바른길이 아니
라 여기면 그 길은 가지 않았고 그 옳지 못한 길에 들어선 누구

도 그대로 보아넘기지 않았다. 교회의 여전도회원들이나 지방회의 여전도회 임원 심지어 전국단위 조직인 여전도회전국연합회 임원들은 안봉화의 그런 대쪽 같은 성격을 잘 알았다. 그래서 그와 일할 때는 항상 조심했고 앞뒤를 잘 따져 일을 진행했다. 성결교회 여전도회전국연합회가 주도해 운영하는 상도복지관 문순희 관장 역시 그런 안봉화를 상대하는 일이 힘들었다고 토로했다. 그는 이렇게 안봉화를 기억했다.

복지관 관장을 뽑는다고 해서 이력서를 제출하고 면접을 치렀습니다. 면접 자리에 안봉화 권사님이 계셨지요. 권사님은 저에게 이런저런 날카로운 질문을 많이 하셨어요. 하도 날카로워서 그 자리에서 도망치고 싶은 심정이었습니다. 후에 관장으로 선임이 되고 나서도 권사님은 날카로움을 감추지 않았습니다. 저에게 이렇게 말씀하셨지요. "이사들이 서류가 완벽하고 경력이 화려하다고 만장일치로 문순희씨를 선택했어도 나는 많은 점수를 줄 수 없다고 했어요. 서류를 잘하는 사람이 일을 잘한다는 보장이 없어요."

안봉화는 같이 일하는 사람들에게 한없이 까다로운 그런 사람이었다. 그는 대구와 청주에서 학원을 운영할 때도 한 치의 오차를 허용하지 않았다. 그것은 조산원이나 의원을 운영할 때도 마

안봉화는 자신의 정원에 풀 한포기도 정성을 다해 키워냈다. 그가 가꾼 화분 수만 오백 개가 넘는다.

찬가지였다. 그런 깐깐함은 타고난 것이기도 하려니와 어려서부터 신실한 어머니에게서, 그리고 장춘에서 어렵사리 간호학을 공부하며 터득한 삶의 지혜였을 것이다. 안봉화는 자신, 그리고 자신과 일을 공유하는 사람들이 엄격해야 한다고 생각하는 사람이었다. 그래서 회계와 행정은 물론 진행하는 일 하나하나에 그의 추상같은 엄격한 기준을 고스란히 반영했다.

안봉화의 추상같은 엄격함을 가장 많이 자주 경험한 사람은 아마도 딸인 나신종일 것이다. 안봉화는 다른 누구보다 딸을 엄격하게 키웠다. 그는 딸에 대해서만큼은 엄격하고 높은 기준을 두고서 그 기준에 맞는 삶을 살도록 가르쳤다. 그러나 자식이 그 모든 것에 부모의 마음에 꼭 드는 법은 없다. 아직 학생이던 시절 나신종은 어느 날 어머니 몰래 만홧가게에 들러 만화를 보았다. 그러다 보니 어느덧 시계는 밤 11시가 다 되었다. 나신종은 서둘러 집으로 돌아왔다. 그리고 예상대로 어머니 안봉화는 화가 난 표정으로 문 앞에 서 있었다. "만화 보고 왔는데 한 10분 정도 지난 줄 알았는데 이렇게 시간이 많이 흐른 줄은 몰랐어요." 거짓말이었다. 나신종은 엄격한 어머니에게 한 번쯤 반항하고 싶었다. 딸이 늦게 들어와 변명하는 것을 들은 안봉화는 "고작 만화 보느라 이렇게 늦었느냐"며, "이거 안 되겠네. 죽여버려야지."라고 말했다. 어머니가 마음먹으면 그대로 한다는 것을 잘 아는 나신종은 그 자리에서 풀썩 무릎을 꿇고 앉았다. 그리고 살려달라고 빌었다. "엄마, 나 죽이지 마세요. 나 살고 싶어요." 나신종은 어머니 앞에서 살려달라고 싹싹 빌었다. 어머니지만 진짜 죽을지도 모르겠다는 생각이 들었다. 안봉화는 그만큼 단호했고 무서웠다.

그러나, 안봉화의 날카로운 눈매 뒤에는 세상 둘도 없는 자애로움이 숨겨져 있었다. 김금자 목사는 그런 안봉화의 모습을 한

두 번 보지 않았다고 말했다. 안봉화는 사람들이 보는 앞에서는 화를 내고, 혼을 내고, 벌을 주는 사람이지만 한 번 더 기회를 주고 보듬고 안아주기를 한없이 드러내는 사람이었다. 이런 고백은 문순희 관장도 그리고 딸 나신종에게서도 들린다. 문순희 관장은 안봉화가 회의와 일에서는 결벽증에 걸린 사람처럼 단호하고 무서웠다고 말한다. 그러나 그런 이면에는 사랑이 풍성한 어머니 같은 모습, 큰 언니 같은 모습이 있었다고 고백한다. 나신종이 혼나던 그날도 마찬가지였다. 어머니 안봉화는 나신종을 혼내고서 고단한지 어느새 잠에 빠진 딸 옆을 밤이 새도록 지켰다. 그리고 "이 순진한 아이가 이대로 세상 때 묻지 않고 잘 자라 하나님께 영광 돌리는 사람이 되게 해주세요."라고 기도했다.

안봉화는 세상의 날카로움과 예수 복음의 무한한 사랑, 그 의미를 잘 아는 사람이었다. 안봉화를 만나 함께 일을 해 본 사람들은 안봉화의 꼼꼼함과 바름에 혀를 내두른다. 안봉화는 적어도 세상을 그렇게 산 사람이었고, 그렇게 자신의 사업을 일군 사람이었다. 안봉화에게 세상은 호락호락하지 않은 곳이었다. 그러니 그것이 하나님의 일이건, 세상의 일이건 세상 가운데서 벌어지는 것이라면 세상 사람들의 눈에 보기에 흠이 없어야 했다. 그것이 하나님을 믿는 하나님의 사람들에게 합당한 것이었다. 그래서 안봉화는 일의 시작과 과정과 결과를 생각하는 기준을 항상 높게 설정했다. 그리고 함께 일하는 사람들이 그 기준에 따르도록 가르치고 이끌었다. 당연히 함께 일하는 사람들 특히 후배들과 제자들은 그를 힘들어했다. 안봉화는 누구보다 그 사실을 잘 알았다.

그래서 안봉화에게는 예수 사랑 가득한 또 다른 모습이 있었다. 그는 자신이 혼을 내고 가르치는 사람에게 동일하게 무한한 애정을 품었다. 그리고 그 사람의 일뿐 아니라 삶마저도 알뜰하게 살폈다. 간호학원의 제자 이문주 권사는 그런 안봉화에 대한 일화를 이렇게 기억한다.

> 선생님은 학원에서 엄한 분이셨어요. 사람의 병을 다루고 치료를 다루는 직업이니만큼 엄격한 훈련을 거쳐야 한다고 생각하신 것이지요. 그런 선생님이 하도 무서워서 학원에 가기 싫은 날이 하루 이틀이 아니었습니다. 그런데 우리가 실제 실습에 나가게 되었을 때 선생님의 모습은 완전히 달라지셨어요. 선생님은 교통편도 좋지 않은 오지의 보건소까지 찾아오셔서 우리를 살뜰히 살피셨어요. 대우는 잘 받고 있는지, 먹고 사는 문제에 어려움은 없는지 살피시고 본인이 직접 필요한 것을 채워 주기도 하셨지요. 그런 사랑이 없었습니다.

그런데 안봉화는 목회자들을 돕고 목회자들을 돌보는 일에는

청주 신미술관 경내, 안봉화의 정원에서 여전히 자라고 있는 나무들

사뭇 다른 모습을 보였다. 안봉화의 목회자 사랑과 돌봄 그리고 지원은 자칫 '바보 같다' 싶은 정도였다. 봉산성결교회에서도 그랬지만 서원교회에 정착하고서 안봉화는 담임목사인 손덕용 목사에게 지극히 순종적이었다. 안봉화는 손덕용 목사가 목회를 위해 필요하다는 것은 두말하지 않고 그 자리를 채웠다. 헌금이 필요한 자리에는 헌금으로 채우고, 봉사가 필요한 자리에는 봉사로 그 자리를 채웠다. 안봉화의 탁월하고 꼼꼼한 지도력이 필요한 경우에는 훌륭하게 그 역할을 소화해 냈다. 덕분에 손덕용 목사

는 교세에 비해 비교적 크고 놀라운 하나님의 일들을 온전히 이루어 낼 수 있었다. 그리고 서원교회는 교단 내외에서 하나님 나라를 위해 귀하게 쓰임 받는 교회로 이름을 얻을 수 있었다. 손덕용 목사의 비전 있는 지도력과 안봉화의 깊고 풍성한 순종은 중국과 러시아 일대 북방 선교의 큰길을 열었고 동남아시아 여러 곳, 사이판과 인도네시아 등지의 사역에 큰 빛이 되었다.

안봉화는 손덕용 목사가 기도하는 가운데 하고자 하는 하나님의 일들을 두말하지 않고 거들었고, 동행했으며, 그것이 온전히 결실하기까지 자기 수고를 아끼지 않았다. 여러 일로 바쁜 손덕용 목사가 다 챙기지 못하는 부분도 안봉화는 그 특유의 꼼꼼함과 깐깐함으로 빈틈이 없이 마무리되도록 했다. 안봉화는 그렇게 서원교회와 손덕용 목사의 사역에 없어서는 안 될 존재가 되었고 그렇게 안봉화를 통해 하나님 나라는 크고 든든하게 확장되어 갔다.

안봉화의 성심을 다하는 목회자 섬김은 교단 내 여러 곳에 미쳤다. 안봉화는 일단 교회와 하나님 나라를 위한 일이라면 찾아오는 목회자의 도움 요청을 거절하지 않았다. 제아무리 작은 일이라도 자신이 도울 수 있는 일이라면 성심을 다해 도왔고 아낌없이 후원했다. 그렇게 안봉화는 청주제일교회를 비롯, 의성교회와 청주 성산교회, 초양교회, 그리고 안동지역의 남안동교회를 비롯한 여러 교회와 목회자들을 도왔다. 안봉화를 찾아와 도움을

요청한 목회자들은 정말 많았다. 그들은 안봉화에게 교회 사역의
어려움을 토로했고 도움을 청했다. 안봉화는 찾아온 누구에게도
거절을 표시하지 않았다. 안봉화에게 뜻밖의 도움을 얻었던 김흥
선 목사의 말이다.

우리 남안동교회는 보증금 일천만 원에 매년 육백만 원
이 드는 월세로 항상 부담을 안고 지냈다. 그런데 어느 날
집주인의 부도로 건물이 경매에 넘어가게 되어 우리는 보
증금 1천만 원가지고 나아가야 하는 상황에 부닥쳤다. 그
때쯤 고(故) 지성천 목사님께서 "청주에 볼일이 있으니 차 운
행 좀 해달라"는 부탁을 하셨다. 함께 간 곳이 안봉화 장로
님 댁이었다. 지성천 목사님은 거두절미하고 "장로님, 큰
일 났어요! 있는 거 내놔요, 김흥선 목사 길에 나 앉게 생겼
으니 내놔요! 교회가 경매에 넘어가요." 사전에 말도 없이
다짜고짜 늘어놓는 말씀에 나는 어리둥절 몸 둘 바를 몰랐
다. '목사님이 이렇게 말씀하셔도 되나?' 하는 마음과 혹시
장로님이 화를 내시지나 않을까 걱정이 앞섰다. 장로님은
아무 말 없이 방으로 들어가 잠시 뒤에 나오셨다. 그리고
누런 봉투 하나를 탁자 위에 놓으시면서 "자, 이게 전부입
니다"라고 하셨다. 마지막으로 가지고 계시던 땅문서를 서
슴없이 주신 것이다…. 나는 가슴 벅차오르는 눈물을 머금

고 하나님께 감사하며 주님의 사랑이 가득한 믿음의 장로님을 보고 감탄했다. 그때 장로님께서 주신 그 땅을 팔아서 경매 넘어간 건물(현재 남안동교회당)을 사는데 기초가 되었고, 하나님의 은혜로 남안동교회 건물이 우뚝 서게 된 것이다.

그렇게 도움을 외면하지 않는 사이 안봉화는 점점 가진 것이 없게 되었다. 현금과 재산과 땅, 거의 모든 것이 안봉화의 도움이 필요한 교회와 목회자들에게 헌금으로 갔다. 그러나 안봉화는 그 모든 일들에 대해 그 어떤 말도, 표현도 드러내지 않았다. 자기가 가진 것은 모두 하나님의 것이라는 마음으로 자기를 찾아오는 목회자들을 섬겼다. 안봉화는 찾아오는 목회자들에게 더 주지 못해 미안해했고 그들의 현실을 마음 아파했다. 자신에게 찾아오는 목회자는 누구에게나 자신이 가진 작은 것 하나라도 더 들려 보내기 위해 노력했다.

안봉화는 하나님의 부름을 받은 목회자들에게는 한없이 '바보 사랑'을 보인 하나님의 사람이었다. 그는 자기에게 도움을 청하기 위해 찾아온 젊은 목회자를 앞에 두고 무릎을 꿇고 그와 마주 앉았던 사람이었다. 자기에게 도움을 청하는 전화를 걸어오는 목회자의 전화를 응대하면서도 무릎을 꿇고 두 손으로 수화기를 받들고 상대의 필요를 들었다. 아마도 목회자들을 향해 무릎 꿇은 것은 아닌 것 같다. 그는 그 모든 목회자 위에 계신 하나님 앞에 무릎을 꿇었다. 그렇게 안봉화는 찾아오는 목회자들 위에 계신 하나님을 바라보며 하나님께서 그에게 하시는 말씀 "내주어라" 라는 말씀을 듣고 순종으로 하나님의 뜻을 따랐다.

안봉화에게 각별한 사람들이 없지는 않았다. 주로 서원교회에서 맺은 인연들에 안봉화는 남다른 애정을 쏟았다. 그는 서원교회에서 권사로 봉사하고 헌신하는 가운데 서원교회로 부임해 오는 부교역자들을 각별하게 대접했다. 자신을 찾아오는 원근의 목회자들에 대한 예의 바른 대접과는 사뭇 다르게 안봉화는 서원교회의 부교역자들을 대우했다. 그는 또 서원교회를 중심으로 지방회 내에서 맺게 된 인연들도 중요하게 여겼다. 여기서 그들이 안봉화에게 어떤 도움을 받았는지를 나열하는 것은 의미가 없다. 중요한 것은 그렇게 안봉화를 알게 되고 안봉화의 진가를 경험한 사람들이 한결같이 그를 자신의 "영적 어머니"로 여긴다는 것이다.

박상진 목사는 자신의 영적 어머니 안봉화가 사도행전의 다비다나 도르가와 같고 복음서의 살로메와 같다고 말했다. 사도행전에 소개된 다비다나 도르가는 초대교회를 위해 헌신하면서 많은 부분 초대교회 사람들이 잘 살도록 돕고 지원한 대표적인 여성 지도자들이었다. 그는 이렇게 안봉화와의 추억을 소회했다.

제가 초양교회를 섬길 때였습니다. 저산교회에서 부임한 후 약 9년 동안 목회가 늘 제자리걸음이라 걱정과 마음의 부담이 클 때였습니다. 그때 청주 용암 2차 지구에 택지가 개발되면서 종교 부지 분양을 알리는 공고가 붙었습니다. 당시 초양교회에서는 그 대지를 구매할 형편이 되지 못했는데 권사님께서 선뜻 지원을 해주겠노라고 하시며 계약하라고 말씀하셨습니다. 결국 권사님께서는 그 부지를 사들이는데 적지 않은 물질을 헌금해 주셨습니다…. 권사님은 정말 우리 교회에 다비다와 같은 분이셨습니다.

박상진 목사는 언젠가 안봉화의 집을 방문했을 때를 기억한다.

어느 날인가 권사님 집에 들렀다가 충격을 받은 적이 있습니다. 권사님께서 집에서 입으시는 일본식 '몸빼' 바지의 무릎이 해져있는 것이었습니다. 그뿐이 아니었습니다. 권사님은 다 닳은 검정 고무신을 신고 있으셨습니다. 무엇보다 화장실용품들은 초라한 촌부나 사용할 법한 것들로 채워져 있었습니다. 권사님은 궁색한 분이 아니었습니다. 그분은 하나님과 교회를 위해서는 아낌없이 물질을 사용하는 분이셨지만 자기를 위해서는 무엇 하나라도 허투루 하지 않고 검소하게 사시는 분이셨습니다.

안봉화는 하나님을 위해서, 교회를 위해서 그리고 목회자를 위해서는 자기가 가진 어느 것 하나도 아끼지 않았다. 그러나 자신을 위해서는 모든 것을 아껴 근검하고 절약했다. 안봉화의 말년에 서원교회에서 담임 목회자로 사역한 송성웅 목사는 그런 안봉화를 이렇게 기억한다.

(안봉화) 장로님은 목회자들을 섬기는 일에는 최고를, 자기를 위해서는 최하를 선택하시는 분이셨어요. 한 번은 장로님과 그리고 교단의 여러 지도자와 함께 어느 지역을 방문한 적이 있는데, 그때 장로님은 목회자들과 교단의 지도자들에게는 일류 호텔의 방을 예약해 두시고 자신을 위해서는 그 옆의 허름한 모텔을 예약하셨어요. 나중에 제가 그것을 알고 왜 그러셨냐고 물으니 장로님은 이렇게 대답하셨어요. "목회자들은 이미 많은 것을 하나님을 위해 헌신하고 있으니 제가 그분들을 대접하는 것이고 저는 이미 세상 많은 것을 누리고 살았으니 하나님의 일을 위해 자신을 낮추는 것입니다. 제 것은 아껴서 하나님 일 해야지요."

이런 식의 아름답고 고결한 이야기는 서원교회 부목사였던 박성호 목사에게서도 들을 수 있다. 안봉화는 예의 바르고 총명한 박성호 목사를 아들처럼 아꼈다. 그런데 그가 어느 날 교회를 그만두고 유학하겠다고 했다. 안봉화는 아들 같은 박성호 목사를 위해 공부하는 동안 비용을 지원하겠다고 했다. 그런데 안봉화는 공부 비용만 부담하지 않았다. 해외에서 공부하고 있는 박성호 목사 가족을 위해 차량을 구매할 비용을 보내준 것이다. 박성호 목사는 그 시절 내내 안봉화가 지원해 준 돈으로 구매한 차를 타고 다니며 공부를 마쳤다. 그렇게 박성호 목사는 공부를 마치고 돌아올 때 중고가 된 차량을 판 돈을 안봉화에게 다시 돌려주었다. 그는 안봉화에게 이렇게 말했다. "학비를 지원해 주신 것도 감사한데 차량까지 지원해 주셔서 너무 감사합니다. 유학하는 내내 권사님 지원해 주신 차 잘 타고 다니고 나서 판 돈을 다시 돌려 드리겠습니다." 그러자 안봉화는 그 돈은 이미 박성호 목사에게 지원해 준 것이니 받을 수 없다고 말했다. 그런데 박성호 목사가 한사코 돌려드려야 한다고 고집을 피우자 안봉화는 할 수 없이 그 돈을 받았다. 다음은 박성호 목사의 회고이다.

어느 날 권사님께 전화가 왔습니다. 권사님은 전에 받은 차량 매각비를 청주의 신용협동조합에 저희 아들 이름으로 넣어두었다면서 저희 아들이 대학에 가고 세상에 나갈 때 사용하라고 말씀하셨습니다. 그리고 친할머니 없는 저희 아들에게 당신이 바로 친할머니라고 말씀하셨습니다. 친할머니가 주는 것이니 이것은 거절하지 말라는 말씀도

하셨습니다. 눈물이 돌았습니다. 저와 아내에게 베풀어 주
신 어머니 같은 사랑도 감사한데 저희 아들까지 생각해 주
시고 품어주신 것이 너무 감사했습니다.

후에 박성호는 안봉화 권사의 팔순을 기념하여 출판된 회고록
에서 이런 글을 남겼다.

안봉화 권사님은 '아낌없이 주는 나무'이십니다. 나무
는 화려한 꽃과 탐스러운 열매를 내 것이라고 주장하지 않
습니다. 그것을 필요로 하는 타인들에게 기쁨이 되는 것이
과실 나무의 사명이듯이 권사님도 이와 같은 삶을 살아오
셨습니다. 제가 경험한 권사님은 당신 자신에 대해서는 평
소 검소하시고 절약 정신이 배인 분이십니다. 남들이 가진
자가용 하나 없으시고, 편하고 안정되게 삶을 누릴 수 있
는 상황임에도 몸소 불편함을 선택하셔서 사서기를 자청
하신 분이십니다. 그러나 타인에 대해서는 그들이 아픔과
도움을 호소할 때 그냥 지나치는 법이 없습니다. 그분과
함께 아파하시고 최선을 다해 분이 넘치도록 도우시면서
도 더 못 드려서 안타까워하십니다.

안봉화는 그가 충성하고 봉사하던 서원교회 안팎에서 그리고

성결교단 주변에서 그의 도움이 필요한 이들과 교회에 헌신적이었다. 그렇게 한국교회 특히 성결교회는 안봉화의 마르지 않는 헌신 가운데 부흥했고 목회자들은 신실한 주의 종들로 굳건하게 설 수 있었다. 서원교회에서 부목사로 사역했던 함윤규 목사는 그런 안봉화의 삶을 이렇게 요약했다.

> 권사님은 자기 것은 하나도 돌보지 않고 오직 주의 종들과 교회의 필요만을 생각하고 그 부족을 채우기 위해 평생을 사신 분이십니다. 그래서 저는 그 분에게 감히 '거룩한 바보' 애칭을 붙여 드리고 싶습니다. 그분은 저를 포함한 모든 주의 종들을 섬기고 그들의 사역을 돕는 일에 자기 것을 아낌없이 모두 다 바친 분이세요.

딸 나신종은 그런 어머니를 보다못해 만류하기를 여러 차례 했다. 심지어 언쟁을 벌이기도 했다. 은퇴하고 물러선 안봉화에게 더 이상 남은 것이 없다는 것을 잘 아는 딸이었다. 자식으로서 어머니가 이제는 자신을 돌보았으면 좋겠다는 생각이 들었다. 그러나 안봉화의 헌신과 봉사 그리고 도움의 손길은 그칠 줄 몰랐다. 안봉화의 신실한 헌신과 도움의 손길은 때로 집요하기까지 했다. 그 후에도 안봉화의 도움은 쉼 없이 꾸준히 이어졌다. 그의 도움을 받고 고마움을 전하는 이들의 이야기를 여기에 몇 가지 담아

꽃나무들이 봄을 맞아 주인없는 온실에서 새싹을 틔우고 있다.

본다.

먼저 청주교회에서 부교역자로 사역했던 최성주 목사의 증언
이다.

안봉화 장로님은 교역자의 궁핍을 아시고 필요를 채워
주셨던 분입니다. 지금도 그렇지만 당시 전도사가 무슨 돈

이 있었겠습니까? 대학원 공부하고 아이들 키우다 보면 전도사의 월급으로는 감당이 안 되었습니다. 어느 날 안봉화 장로님께서 저를 부르셨습니다. 그러더니 청주 백화점에 저를 데리고 가서서 검은색 양복 한 벌을 해 주셨습니다. 당시 최고로 비싼 것이었습니다. 저는 20년이 지났지만 지금도 장로님께서 주신 양복을 입고 장례 예식을 집례하고 있습니다. 장로님께서 해주신 검은색 양복을 입고 장례 예식을 집례할 때마다 가난하던 전도사 시절에 은혜를 베풀어 주셨던 장로님이 생각납니다.

이어서 교단의 선교국장으로 사역했던 옥일환 목사의 이야기이다.

선교사역 중 아들이 사고를 당해 발목 복숭아뼈가 부러지는 심각한 사고가 났습니다. 브라질의 병원비는 상상을 초월합니다. 브라질 국립 병원은 거의 공짜이지만 치료를 기다리다 결국 죽게 되는 답답한 의료 현실이었습니다. 수술받는데 1만 8천 불이 들어간다고 통보받았고, 수술 예치금이 없으면 수술은 하지도 못했습니다. 아들은 발이 퉁퉁 붓고 아프다고 울고 어찌해야 할지를 모르던 시절이 있었습니다…. 그때 저희 소식을 들은 서원교회는 중보 기도를 해 주셨고, 안봉화 권사님은 애가 타는 마음으로 국제전화까지 주셨습니다. 이후 서원교회에서 치료비를 헌금해 주셨고, 안봉화 권사님은 별도로 치료비를 헌금해 주셨습니다. 지금도 생각하면 가슴이 서늘해지는 상황이었습니다. 그때 권사님의 기도와 관심 그리고 도움이 없었다면 우리 가족은 큰 어려움에 빠졌을 것입니다. 어머니 같은 안봉화 권사님께 감사드립니다.

또 이런 일도 있었다. 러시아에서 사역하는 우태복 선교사의 이야기이다.

안 장로님은 은퇴 후에도 신학교가 어려울 때마다 소식을 들으시고 재정적인 지원을 해 주셨다. 장로님께서는 학교가 어렵다는 소식이 들리면 언제든 먼저 연락하셨고 자청하셔서 자신이 도울 수 있는 한 모든 것을 지원해 주셨습니다. 장로님은 학교가 어렵게 되고 난관에 빠져들 때마다 여름날 단비같이 도움을 주시는 분이셨습니다. 그것은 물질적 도움 이상이었습니다. 장로님은 모두가 포기해야 한다고 생각하는 상황에서도 여전한 신뢰와 의지로 신학교를 지켜주시던 분 가운데 한 분이셨습니다. 장로님의 기도와 꾸준한 후원은 선교 현장에서 크게 격려가 되었고 중단 없는 전진을 이루게 하는 큰 힘이 되었습니다.

이쯤 되면 안봉화의 이야기는 누군가에 이끌리는 순종적인 헌신과 봉사의 수준을 넘어선다. 안봉화에게는 자가 발전적인 헌신의 마음이 있었다. 그에게는 바울의 일이라면 누가 무어라 할 새도 없이 성심을 다해 돕고 헌신했던 아굴라와 브리스길라 부부의 모습이 그대로 살아 있었다. 브리스길라Priscilla와 아굴라Aquila는 고린도에서 한 번 바울을 만나 그와 동역을 경험한 뒤부터 줄곧 바울을 따랐다. 그래서 그들은 바울과 더불어 에베소로 넘어갔다. 그런데 바울은 거기서 일단 두 번째 전도여행을 마치고 수리아 안디옥으로 돌아갔다. 그다음이 흥미롭다. 브리스길라와 아굴라는 바울이 안디옥으로 돌아간 뒤 휴지기를 가지지 않았다. 그들은 에베소에서 아볼로를 만나 그를 회심시켰고 이후 바울이 에베소로 와서 사역할 수 있는 '기반'을 닦았다. 그뿐이 아니었다. 그들은 바울이 언젠가 로마로 갈 것을 알고 먼저 로마로 가서 로마의 형제들을 만나고 거기 교회를 든든하게 하는 일을 했다. 그렇게 브리스길라와 아굴라는 언젠가부터 바울을 따르다가 어느 순간 바울과 동역하더니 이제 바울의 마음을 넘어서 바울의 길을 개척하는 일까지 감당하게 되었다.

이 모든 성경의 바울의 동역자들에게는 한 가지 공통점이 있었다. 그것은 그들이 바울을 단순히 따르는 것을 넘어서 그를 쫓

안봉화가 떠나고 첫 봄, 정원에 유채가 가득 피었다.

아다니며 그가 이루는 하나님의 일이 더욱 부흥하기 위해 자발적
노력을 기울였다는 것이다. 우리는 이들의 이런 식의 노력을 '추
적하는 헌신'이라고 해야 할 것 같다.

　안봉화에게도 아굴라나 브리스길라와 같은 영적 '추적자'追跡子
의 모습이 있었다. 그가 여전도회전국연합회 사역에 열심을 내고

있던 1980년대 중반 어느 때의 일이었다. 안봉화는 여전도회 임원들과 함께 해외선교를 돕고 지원하는 일에 대해 비전을 나누고 그 사역을 어떻게 펼칠지에 대해 논의를 진행했다. 여러 목사님과 장로님들에게 자문을 구해보니 그 일은 교단 선교국의 도움을 얻는 것이 좋겠다는 말들이 있었다. 안봉화는 당장 선교국에 전화해 당시 선교국장으로 있던 이강천 목사에게 선교와 관련된 일로 만나고 싶다고 했다. 그렇지 않아도 교단 일을 하면서 안봉화의 이름을 들어왔던 이강천 목사는 '제가 권사님을 한 번 찾아뵙겠다'라고 말했다.

일은 빠르게 진행되었다. 이강천 목사는 얼마 되지 않아 안봉화와 만나게 되었고 교단 해외선교를 위한 헌금을 약속받았다. 이후 이강천 목사는 여전도회 하계 수련회가 열리는 문경새재의 한 수련원을 찾아가게 되었다. 그런데 가는 길에 그만 교통사고를 당하게 된다. 그와 함께 탔던 사람들은 크게 다치지는 않았지만 얼마 동안 병원 신세를 져야 했다. 뜻밖의 사고였다. 이후 이강천 목사는 그 사고의 후유증인지 몸이 좋지 않게 되었다. 그는 교단 선교국장의 자리를 사임하게 되었다. 그는 이후 서울신학대학교목으로 자리를 옮겨 한동안 치료와 학생들 가르치는 일에 전념했다. 그런데 몸은 나아지지 않았다. 여전히 힘들었고 어려웠다. 결국 이강천 목사는 그 모든 사역을 접고 몸을 온전하게 하는 일에 매진해야 했다.

그때 시골 기도원에서 쉬고 있던 이강천 목사를 안봉화가 찾아왔다. 딸 나신종을 대동해서 말이다. 안봉화는 몸보신에 좋다는 여러 가지 음식과 약들을 가지고 왔다. 그리고 이강천 목사를 위로하고 격려했다. 두 사람은 그럴 사이가 아니었다. 교단 선교국장으로 일할 때 해와 선교 후원 문제로 한 번 만난 것이 전부였다. 안봉화의 갑작스러운 방문에 이강천 목사는 적잖이 놀랐다. 이강천 목사는 그때 놀랐던 경험을 이렇게 전한다.

교단에서 일하는 사람이라면 누구나 안봉화 권사를 알았습니다. 그런데 사실 나는 안봉화 권사님을 교단 일 말고 다른 이유로 만난 적이 없었습니다. 우리는 사실 서로 모르는 관계라고 해야 옳았습니다. 그런데 갑자기 치료하고 있는 누추한 곳에 찾아오니 놀라지 않을 수 없었지요. 그렇게 우리 인연은 시작되었습니다.

안봉화의 사연은 이렇다. 그는 처음 한 차례 통화하고 잠시 만나 선교 후원을 약속한 뒤 이강천 목사가 수련회 장소로 찾아온다는 이야기를 들었다. 그는 총회본부에서 만나면 될 일을 굳이 찾아오나 싶었다고 한다. 그래도 젊은 목사 국장이 자기와 임원들을 만나기 위해 찾아온다니 한편으로 감사하다는 생각도 들었다. 그런데 그 목사 국장이 자신을 만나러 오는 길에 사고를 당했다는 소식을 들었다. 그리고 병원에서 치료받고 몸이 회복되지 않아 결국 교단 본부 선교국장 자리도 사임하게 되었다는 이야기를 들었다. 안봉화는 그 모든 것이 마음에 걸렸다. 안봉화는 한동안 이강천 목사를 위해 중보로 기도했다.

그러다 얼마 후 이강천 목사가 서울신학대학교에 안정적으로 정착했다는 소식이 안봉화에게 들려왔다. 안봉화는 다행이라 생각했다. 하나님께서 젊은 목사의 앞길을 지켜주시기를 위해 다시 한번 기도했다. 그런데 이번에는 더 좋지 않은 소식이 들려왔다. 이강천 목사가 서울신학대학에서 마저 사직하고 시골로 내려가 요양하고 있다는 것이었다. 이쯤 되어서는 안봉화의 마음에는 한 가지 또렷한 생각이 들어와 앉았다. 젊은 목사가 자신을 만나기 위해 운전하고 오다 사고가 났고 결국 그 일 때문에 두 차례나 하던 사역을 접게 되었다는 생각이었다. 안봉화는 이강천 목사를 찾아가기로 마음먹었다.

이후 안봉화는 이강천 목사를 추적했다. 이강천 목사는 당시 망향기도원에 머물며 요양하고 있었다. 한번 이강천 목사를 찾아오기 시작한 안봉화의 열심은 이후에도 계속되었다. 이강천 목사가 갈릴리 기도원으로 거처를 옮겼을 때도 안봉화는 어떻게 그곳을 알았는지 기어코 이강천 목사를 찾아왔다. 그렇게 안봉화는 이강천 목사가 가는 곳이면 어디든 쫓아가 그의 삶을 살피고 그의 필요를 채웠다. 그가 하는 일이면 무엇이든 그의 사역이 부흥하는 방향으로 도움이 되기를 자처했다.

이강천 목사가 바나바훈련원을 시작할 때, 그리고 충청북도 옥산으로 사역 공간을 옮길 때도 안봉화는 함께 했다. 함께 하는 정도가 아니었다. 브리스길라와 아굴라처럼, 그리고 루디아처럼 그의 사역의 적극적인 지원자요, 협력자이고 동역자이며 버팀목이되어 주었다. 바나바훈련원이 필요로 하는 일이라면, 이강천 목사가 필요로 하는 일이라면, 그들이 말하지 않고 도움을 요청하지 않아도 안봉화 스스로 그들의 일과 사역을 도왔다. 이후 안봉화는 스스로 바나바훈련원의 이사가 되었다. 이강천 목사는 안봉화의 이야기 한 토막을 이렇게 전한다.

처음 사용하던 바나바훈련원이 장소와 시설이 협소하여 확장의 필요성을 이사회와 더불어 논의할 때 이사회에서는 확장의 필요성을 공감하고 모금 운동을 하여 확장하기로 하자 안 권사님은 건축 소위원회 위원장을 맡게 되셨고 기꺼이 봉사해 주셨다. 그리고 마침내 옥산에 있는 폐교된 초등학교를 구매하여 훈련원으로 수리하여 쓰는 과정에서 권사님은 적극적으로 후원하여 큰 분량의 헌금을 하셨다. 상당한 정성이 담기고 최선을 다한 헌금이라는 것을 느낄 수 있었다.

이후 안봉화와의 관계에 대해 이강천 목사는 이렇게 말했다.

나는 지금도 안봉화 권사님이 어떤 사람인지 무엇을 하
는 사람인지 잘 모릅니다. 나는 한 번도 안봉화 권사님을
찾아다니고 쫓아다니며 관계를 구걸한 적이 없습니다. 나
는 그저 내 일을 하고 내 사역을 하고 있었습니다. 그런데
안봉화 권사님은 언제고 내가 무언가 필요한 것이 있을 때
마다, 내가 곤경에 빠져 있을 때마다 어찌 알고 내게 오셨
습니다. 그리고 당신이 해야 한다고 생각하는 일을 하셨습
니다. 그렇게 바나바훈련원은 안봉화 권사님의 도움 속에
성장하고 부흥하게 되었습니다. 결국 하나님께서 안 권사
님의 마음을 움직이신 것이라고 봅니다.

안봉화의 신실함은 누군가의 기획과 조종, 혹은 강요나 강압에
의한 것이 아니었다. 안봉화의 신실함은 하나님께서 주신 마음과
그 스스로 품은 열정의 동반 상승으로 세상 가운데 드러난 것이
다. 그는 도움을 구하는 이들에게 추적당하기보다 오히려 스스로
그들을 추적해 가며 그들을 돕고 그들에게 풍성한 하나님의 은
혜와 사랑을 누리도록 헌신한 사람이었다. 안봉화는 교회와 목회
자들의 필요를 그들이 필요로 구한 것보다 더한 열심과 열정으로
풍성하게 채워 주었다. 안봉화는 도움을 구하지 않는 이에게조차

그의 돕고자 하는 마음을 구걸하며 그들의 필요를 채우는 일에 열심을 부렸다.

선지자 이사야는 이렇게 외쳤다. "여호와의 열심이 이를 이루시리이다."사 37:32 선지자는 여기저기 하나님의 백성이 도움이 간절하다 외치던 그 시절에 하나님께서 곧 친히 오셔서 세상 곳곳 열방에 흩어진 당신의 백성을 찾아 구원의 자리, 시온으로 인도하시리라는 것을 선포했다. 과연 하나님의 열심은 우리 주 예수 그리스도를 통해 세상에 모습을 드러냈고 예수님의 열심은 세상과 우리 모두를 하나님의 나라로 이끌어 구원하기에 충분한 것이었다.

예수님께서는 그렇게 낮고 천한 자리, 갈릴리 사람들에게 찾아오셨고 갈릴리 곳곳을 다니며 하나님께서 어떻게 당신을 통해 구원을 이루시는지를 가르치시고 보이셨다. 예수님께서 그렇게 보이신 열심 가운데 주목할 곳은 바로 거라사였다. 예수님께서는 가버나움 일대를 다니시다가 어느 날 제자들에게 호수 건너편을 가리키시며 "우리가 저곳으로 가야 한다"라고 말씀하셨다. 제자들 가운데 예수님께 그곳으로 가자고 한 사람도 없었고 누군가 그 땅 거라사에서 예수님을 초대한 적도 없었다. 그러나 예수님께서는 당신의 제자들을 이끌고 그곳으로 가셨다. 예수님께서 거라사로 가시는 길은 평탄하지 않았다. 가는 길에 예수님께서는 풍랑도 만나셨다. 예수님께서는 굴하지 않으셨다. 예수님께서는

안봉화가 생전에 정원을 가꾸고 있다.

당신만의 열심으로 건너편 거라사로 가셨다. 그리고 거기서 군대 귀신 들린 사람을 만나셨고 그를 자유롭게 하셨다. 그에게 힘과 능력을 주시고 그곳 거라사 땅의 증인이 되게 하셨다. 누가 예수님을 떠민 일이 아니었다. 예수님 스스로 바라보시고 예수님 스스로 결단하신 후 열심을 내서서 행하신 일이었다.

안봉화의 열심, '추적자의 영성'은 예수님의 것과 많이 닮았다. 안봉화는 누군가를 돕는 일에 열심을 낼 줄 아는 사람이었다. 안봉화는 예수님께서 그렇게 하신 것처럼 자기를 찾아오는 사람들 하나하나를 놓치지 않고 그 모든 사람에게 격려와 도움과 지원과 힘을 보태는 일 등의 모든 것을 아낌없이 베풀었다. 그는 또한 자신이 품어야 하는 사람들 단 한 사람에게도 소홀함을 보이지 않았다. 그는 그가 선의와 사랑을 베풀어야 하는 사람이라면 작은 어린아이 하나라도 잊지 않고 온전히 그리고 풍성하게 그의 것을 나누어 주었다. 때로 그가 가진 모든 것이 소진되는 한이 있어도 그는 그가 가진 것을 그의 사랑하는 사람들과 나누는 일을 게을리하지 않았다. 그뿐이 아니었다. 안봉화는 자기를 찾아오지 않은 사람에게조차 돕는 열심 내기를 주저하지 않았다. 그는 자신과 알지 못하는 사람들, 관계의 거리가 먼 사람들에게서 들리는 필요의 소식들에 귀를 기울였다. 그리고 필요하다면 스스로 그들을 찾아가서라도 도움과 지원의 손길을 펼쳤다.

결국에 안봉화의 주변, 즉 교회와 교단과 일터 모든 곳에는 풍성함이 넘쳤다. 그가 다니는 모든 곳에서 만나는 모든 사람과 더불어 그는 '오병이어'의 잔치를 나누었다. 안봉화는 그런 면에서 오래전 그날 갈릴리 벳새다 들녘에서 "너희가 먹을 것을 주라" 하신 예수님의 말씀을 귀담아들었던 예수님의 어린아이와 같은 한 사람이었다.눅 9:14 그는 자기가 가진 소중한 것을 아낌없이 내어놓았을 때, 예수님께서 그것에 축사하시고, 떼어, 거기 수많은 사람을 먹이고 살리는 일을 목격하고 체험한 참된 예수님의 제자였다. 그렇다. 안봉화는 참으로 예수님의 신실한 제자였다.

安奉花
1926~2022

기둥 같은 사람

안봉화의 가족, 부군 나영기 장로, 아들 나건일 집사, 딸 나신종 권사

안봉화는 예수님께서 그렇게 하신 것처럼 자기를 찾아오는 사람들 하나하나를 놓치지 않고 그 모든 사람에게 격려와 도움과 지원과 힘을 보태는 일 등의 모든 것을 아낌없이 베풀었다. 그는 또한 자신이 품어야 하는 사람들 단 한 사람에게 도 소홀함을 보이지 않았다.

안봉화에게 가정은 소중했다. 그에게 가정은 오아시스 같은 곳이었으며, 그가 살아가는 삶의 힘을 얻는 발전소와 같은 곳이었다. 아무리 어렵고 힘든 상황이더라도 가족들에게서 힘을 얻었고 그렇게 그는 다시 일어서곤 했다. 그의 삶에서 실천하여 펼친 모든 것은 결국 그의 가족에게서 얻은 힘에 근거한 것이었다. 안봉화는 확실히 가화만사성家和萬事成의 의미를 알았고 그 뜻을 자기 삶에서 있는 그대로 구현한 사람이었다.

안봉화의 가족이 별스럽게 특별했다는 것을 의미하는 것은 아니다. 안봉화의 가족은 여느 가족과 다를 바 없는 이 땅의 평범한 가족이었다. 안봉화 역시 가족과의 사이에서 갈등하기도 했고 힘들고 어려운 상황을 마주하기도 했다. 가족사에 관해서 밝히고 싶지 않은, 숨기고 싶은 이야기도 많다. 안봉화의 가족사에도 아픈 부분이 있고 슬픈 그늘이 있었다. 어떤 것은 안봉화의 삶에 아픔으로 남았고, 어떤 것은 안봉화에게 오히려 에너지가 된 것도 있다. 어떤 것은 잊고 싶고 지우고 싶어서 아예 언급조차 하지 않는 것도 있다. 어쨌든 그 모든 것이 우리가 아는 안봉화를 만들었다. 인생이라는 것이 그런 것이다. 우리가 원하는 것들로만 채워 우리가 되게 할 수는 없다. 우리가 원하지 않는 것들도 우리를 만든다. 안봉화 역시 마찬가지였다. 우리가 아는 안봉화는 아픈 구석도 있고, 슬픈 구석도 있는 그런 가정에서 자라 역시 그런 가족을 꾸렸고, 그렇게 안봉화는 안봉화가 되어갔다.

1951년 나영기와 결혼한 안봉화는 시집에서 시댁 가족들과 함께 신혼생활을 시작했다. 안봉화가 그때까지 살던 집 가운데 가장 작은 집이었다. 그런 곳에서 나영기가 이전 결혼에서 얻은 자식들과 막내 시누이 그리고 시어른들과 생활했다. 시집 생활은 녹록지 않았다. 작고 가난한 집도 문제였지만, 시어머니나 시누이들을 상대하기가 어려웠다. 시어머니는 지나온 삶에 상처가 많았다. 그는 그 상처를 고스란히 타인에게, 심지어 가족에게 쏟아내는 그런 사람이었다. 시누이들은 시누이들대로 안봉화를 피곤하게 하려는 목적이 분명한 골질을 많이 했다. 그러지 않아도 될 일을 그렇게 했다. 안봉화는 그 모든 것을 받아들였다. 전쟁의 죽을 것 같은 상황도 이겼는데 이런 시집살이쯤 얼마든지 이겨낼 수 있다고 생각했다.

사실 시누이들과 시댁 가족들은 안봉화가 만주까지 가서 공부하고 온대다, 경북대학교 병원에서 근무한 간호사이며, 여성의 몸으로 전쟁에 참전까지 한 사람이라는 사실을 어려워했다. 아니 그런 시누이, 그런 며느리를 어떻게 상대해야 하는지를 몰랐다고 하는 것이 옳았다. 그때만 해도 대부분 여성은 얌전하게 집에 있다가 어른들이 이끄는 대로 상대를 만나 시집가서 그 집의 '귀신'처럼 사는 것이 관례였다. 안봉화 같은 여성은 웬만한 집안에서 다루기 쉽지 않은 며느리였다. 시어머니와 시누이의 골질과 시집살이는 다 이런 이유에서 벌이는 일들이었다. 안봉화는 얼마 지나

안봉화의 증손주들, 그는 믿음의 가족을 일구었다.

지 않아 그런 시댁 식구들의 마음을 이해하게 되었다.

그렇다고 해도 그 시절 시집살이는 쉬운 일이 아니었다. 안봉화에게도 시집살이의 현실이 있었다. 그는 시집온 지 며칠 되지 않아 산더미 같이 쌓인 빨랫거리와 마주해야 했다. 병원 다니는 내내 자기 옷은 세탁소가 알아서 해주던 삶을 살아온 안봉화였다. 그런데 이제 자기 빨랫거리는 말할 것도 없거니와 시집 식구들의 빨랫거리를 직접 다 빨아야 하는 신세가 되었다. 그렇다고 그 모든 빨래를 함부로 세탁소에 넘길 일도 아니었다. 그랬다간 누구 집 며느리인데 빨랫거리를 모두 세탁소에 가져오느냐는 소문에 시달릴 것이 뻔했다. 안봉화는 군말하지 않고 자리를 잡고 앉았다. 그리고 하나씩 빨래를 시작했다. 그 많은 빨래를 하고 나니 반나절이 다 지났다.

그것이 다가 아니었다. 원래 주부의 삶이라는 것이 다 그렇지만, 빨래를 마치고 나니 이제는 밥 지을 시간이 다가왔다. 끼니마다 시어른들을 공양하고 남편과 아이들을 먹여야 하는 일은 모두 며느리 안봉화의 몫이었다. 조산원의 일을 하면서 매일 가족들 밥 먹이는 일이 쉬운 법이 있겠는가. 안봉화는 그런 현실을 적극적으로 살았다.

안봉화는 한 번도 해 보지 않은 김장도 해야 했다. 시어머니는 김장할 때가 되었다며 아들 나영기에게 김장거리를 사 오라고 시켰다. 나영기는 어머니 말씀을 따라 수백 포기 배추와 양념거리를 마당에 풀어놓고서 자기 일을 보러 다시 집을 나갔다. 그날따라 시어머니는 자기 볼 일이 있다고 말하며 집을 나가버렸다. 늘 집에 있던 막내 시누이도 그날은 볼 일이 있다며 집을 나갔다. 거의 매일 찾아오던 시누이들은 그 날따라 그림자도 보이지 않았다. 결국 결혼한 첫해 김장은 온전히 안봉화의 몫이 되어버렸다.

불만을 쏟지는 않았다. 그렇지만 그 많은 김장을 새댁이 혼자 감당하기란 쉬운 일이 아니었다. 안봉화는 그때 신혼에 어렵게 홀로 김장하던 날을 이렇게 기억한다.

아침을 먹고 나니 시어머니는 시어머니대로 시누이들은 시누이들대로 모두 외출하고 나 혼자 집에 남아 있었어요. 그 많은 배추와 무를 혼자 처리해야 할 판이었지요. 그래서 배추를 한 포기씩 다듬고 있는데 교회 최영순 전도사님이 궁금해하며 오셨어요. 그리고는 깜짝 놀라시며 "이 많은 것을 혼자 다 하라고 하고 다들 어디 갔느냐" 하시고서···. 급히 가서 교회 사찰 아주머니를 데리고 와 김장거리를 다 다듬어 주고 가셨어요···. 저녁때쯤에는 포항 언니가 대구에 일 보러 왔다가 사는 모습이 궁금해 들렀는데, 역시 이 많은 것을 혼자 다 했느냐면서 큰 살림하는 솜씨를 보여주겠다고 배추 절이는 일을 도와주었어요. 배추를 다 절이고 나서 배추를 뒤집어야 한다고 몇 마디 하고서 언니는 저녁 식사도 하지 못한 채 종종걸음으로 집으로 돌아갔습니다. 훗날 들은 이야기지만, 언니는 돌아가는 내내 울었다네요.

안봉화의 시집살이는 그렇게 하루하루 이어졌다. 그때 며느리들이면 누구나 겪었을 법한 일들의 연속이었다. 어느 때는 도립 병원에서 간호과장까지 하던 사람인데 이렇게 집안일에 파묻혀 산다는 한탄이 절로 나왔다. 경북대학교 병원에 계속 머물러 있었으면 어땠을지 하는 마음도 들었다. 그렇지만 친정에 가서 불평을 늘어놓거나 특히 포항 사는 언니에게 푸념을 늘어놓지 않았다. 자존심이 허락하지도 않았거니와 그렇게 불평이나 불만을 토로하는 일은 안봉화답지 않은 모습이었다. 가끔 남편에게 불평을 섞은 몇 마디 말들을 늘어놓기는 했다. 이런 식이었다. "당신이 예수 믿어 은혜받은 가운데 내가 시집와 준 것이 제일 큰 은혜인 줄이나 아세요." 그러나 남편 나영기의 대답은 성인군자의 동문서답이었다. "그런 말을 하면 하나님을 원망하는 것이니 안 되지요." 어쨌든 안봉화는 그런저런 후회하는 마음을 오래 품고 앉았을 위인이 아니었다. 안봉화는 제아무리 타는 불같은 지옥 가운데라도 살길을 찾고, 제 할 일을 찾았다.

안봉화는 곧 자기 전공을 살렸다. 시집온 지 13일 만에 '안봉화 조산원'이라는 간판을 걸고서 조산원 사업을 시작한 것이다. 안봉화의 조산원은 잘 꾸려졌다. 워낙에 붙임성 좋은 안봉화인지라 사람들 사이에 입소문이 났다. 경북대학교에서 같이 일하던 여러 동료의 입소문도 한몫했다. 결국에 안봉화의 조산원은 날로 번창하는 사업이 되었다. 전쟁을 막 지나던 시절이어서 먹고살기 바쁜 때였는데 사람들은 아이들을 곧잘 낳았다.

안봉화는 자손과 함께하는 일을 큰 기쁨으로 누렸다

안봉화는 그렇게 집안을 일으켜 세웠다. 어려움과 곡절이 있었지만, 집도 새로 장만했다. 그 사이 아들과 딸도 얻었다. 사람들은 안봉화의 근면함을 칭찬했다. 무슨 일이든 척척 해내는 안봉화가 만능 해결사로 보였다. 그러나 자식 키우는 일이나 집안일, 남편 섬기고 시어른들 모시고 사는 일, 조산원을 운영하는 일에다 그것도 모자라 열심히 교회를 섬기고 봉사하는 일 등 어느 것 하나 빠짐없이 챙겨야 하는 삶은 결코 쉬운 일이 아니었다. 모든 일을 철두철미 제대로 하자는 것이 안봉화의 평소 소신이지만, 그렇다고 그 모든 일이 쉬웠던 것은 아니었다. 안봉화는 모든 일을 척척 쉽게 한다고 말하는 것은 그의 진짜 속을 모르고 하는 소리다. 사실 안봉화는 그 시절 힘겨웠다. 하소연을 늘어놓거나 불평하지 않았을 뿐이다. 누군가 그때 그 시절 봉산교회 구석에서 드리는 안봉화의 기도 소리를 들었으면 그의 속 사정에 기가 찼을지 모른다.

속이야 어찌 되었든 그 시절 안봉화는 열심히 살았다. 새벽부터 밤늦게까지 근면하고 성실하게 살았다. 시댁 식구들이 뭐라 하든 교회 생활도 열심히 했다. 물론 그들 보기에 책잡힐 만한 일들은 아예 하지 않았다. 그러는 사이 시댁 식구들의 마음은 점차 변화하기 시작했다. 안봉화를 존중하는 마음도 생기기 시작했다. 무엇보다 그들 마음에 신앙이 자리를 잡게 되고 교회 생활에 대한 깊은 애정도 생겨나기 시작했다. 그러다 보니 자연스레 집안

어른들이 지켜오던 '제사' 지내는 일도 사라지고 추도예배로 바뀌게 되었다. 사실 나영기는 결혼하면서 아버지와 새 식구가 들어오면 제사 대신 예배를 드리기로 약속했었다. 그런데 그 약속은 지켜지지 않았다. 하는 수 없이 안봉화는 한동안 제사를 준비하고 지내는 일에 애를 먹어야 했다. 그런데 이제 그럴 일도 없어졌다. 시댁 사람들 모두가 교회에 열심히 다니기 시작하면서 자연스레 제사 준비하고 지내는 일도 사라진 것이다.

시간이 지나면서 안봉화는 자연스럽게 시댁 식구들 사이에서 가운데 자리에 서기 시작했다. 시누이들은 이제 어려운 일이 있으면 안봉화를 찾았다. 무엇보다 시댁 식구들은 안봉화를 따라 신앙을 갖게 되었고 교회 생활도 열심히 했다. 훗날의 이야기지만 안봉화를 괴롭게 하던 시어머니는 안봉화와 함께 청주로 와서 돌아가실 때까지 신앙 생활하며 안봉화의 봉양을 받았다. 안봉화에게 가끔 술주정하던 시동생은 이후 예수를 믿게 되고 세례도 받고 신앙 생활하다가 하늘나라에 갔다. 그 집 손아랫동서는 이후 안봉화가 사는 청주로 이사와 함께 교회 생활을 했고 권사 직분도 받았다. 식구가 모두 신앙 안에서 바르게 선 것은 아니었다. 그러나 안봉화로서는 최선을 다한 결과였다. 안봉화는 그렇게 나씨 집안 맏며느리로서 하나님의 은혜와 사랑을 그 집의 진짜 기둥으로 세우는 일에 성공했다.

여기서 안봉화의 시아버지 이야기를 빼놓지 말아야 할 것 같

다. 안봉화의 시아버지는 일제강점기 일본에 저항했던 항일 독립
운동 투사였다. 독립유공자 고故 나재성羅在星, 1887~1961 선생이다.
그는 1919년 3월 17일 고향인 영덕의 창수면에서 일어난 만세
운동에 앞장섰다. 그는 여러 동료와 함께 만세 운동을 펼치면서
주재소를 공격하는 일에 앞장섰다. 나재성은 만세 운동을 적극적
으로 펼친 덕분에 체포되어 모진 고문 끝에 대구형무소에 수용되
었다. 그리고 약 1년 3개월간 옥고를 치렀다. 지금이야 수감인들
에 대한 인권 존중과 바른 처우가 당연한 일이지만 그때 그 시절
우리나라도 아닌 식민 조선에서 독립운동을 하다 체포되어 갇힌
독립운동 지사를 교도소에서 가만히 두지 않았다. 교도소 안에서
도 무지한 폭력적 고문이 가해졌다. 그렇게 나재성은 병약한 몸
이 되었다. 안봉화는 그런 시아버지를 정성스럽게 모셨다.

시아버지는 각혈을 하셨어요. 병원에 모시고 갔더니 간
에 디스토마 균이 붙어 그렇다고 하더라구요. 시어머니는
"만세 운동 때 앞장서서 만세 부르다 까막소(교도소)에 붙
잡혀 가서 대구까지 끌려가 매를 맞고 골병이 든 것"이라
며 "왜 빨리 안 죽느냐?"며 남편을 타박했습니다. 시아버
지는 그 이후 9개월 동안 거동도 못 하시고 몸져누웠습니
다. 나는 그런 아버님 병시중을 다 해 드렸습니다.

안봉화는 시아버지 병시중을 들던 9개월 동안 꾸준히 예수 복음을 전하고 가르쳤다. "아버님, 예수 믿고 천당 가셔야 우리가 천당 가서 아버님 뵙지요." 며느리의 정성을 고마워하던 시아버지는 이렇게 대답했다. "네가 하는 말대로 나도 예수 믿고 내가 일어나면 같이 교회에 가겠다." 그러나 시아버지는 끝내 일어나지 못했다. 안봉화는 시누이와 시매부 최명환 목사를 불러 온 가족이 함께 임종 예배를 드렸다. 안봉화는 마지막 순간에 시아버지를 하늘나라로 잘 보내드려야겠다는 생각에 "아버님, 저를 따라 '주여'라고 해 보세요"라고 했다. 그러자 시아버지는 안봉화를 따라 "주여...주여..."를 외치며 숨을 거두었다. 안봉화는 그렇게 시아버지를 예수님 계신 하늘나라로 보내드렸다.

이후 안봉화는 시아버지의 독립운동 업적을 기리는 사업에 힘을 썼다. 시댁에서 시아버지는 그저 아프기만 한 어르신이었다. 안봉화는 그런 시어른이 나라와 민족을 위해 훌륭한 일을 했던 인물이라는 것을 알게 되었다. 그는 자기 시아버지가 예우받아 마땅한 우리 사회의 어른이라는 것을 깨달았다. 그리고 시아버지의 공을 되찾는 일을 위해 큰 노력을 기울였다. 사실관계를 확인하는 일이 쉽지 않았다. 그렇지만 안봉화는 노력을 기울였다. 남편 나영기의 고종사촌이 고향 영덕에서 면사무소에 근무하는 공무원이라는 사실을 알게 되었다. 안봉화는 그 고종사촌을 통해 시아버지의 공적 사실을 되찾을 수 있었다. 안봉화는 당장 시아버지 나재성 선생의 공훈을 국가에 알렸다. 안봉화의 노력 덕분에 시아버지 나재성은 경상북도의 독립운동 유공자가 인정되어, 대통령 표창을 받고 '애족장'을 치른 뒤 대전 국립묘지에 새로 안장되었다. 안봉화의 힘들고 어려운 '시집살이'는 이렇게 그의 성심을 다하는 마음과 삶을 통해 변화하게 되었고, 안봉화의 집은 점점 '주 안에서 복되고 즐거운 집'이 되어갔다.

안봉화는 남편 나영기를 깊이 사랑했다. 갑작스러운 맞선과 결혼이 안봉화를 혼란스럽게 하기는 했지만, 결혼 생활 내내 안봉화는 남편 나영기를 잘 섬겼고, 남편이 하는 일에 대한 깊은 존중의 마음을 잃지 않고 살았다. 나영기는 1915년 경상북도 영덕의 창수면에서 태어났다. 어려서 나영기는 아버지 나재성의 독립운동과 투옥 경험으로 힘들게 살았다. 나이가 들어 성인이 된 나영기는 고향에서 살기가 쉽지 않다는 것을 깨달았다. 그는 결국 스무 살에 중국 산성진에 가서 거기서 철도국 식량 공장에 취직해 평안한 삶을 누렸다. 그리고 해방이 되자 나영기는 다시 고국으로 돌아와 가족과 부모와 함께 대구에 정착했다.

나영기는 사실 선비 같은 사람이었다. 그는 맑고 순전한 정신으로 올곧은 삶을 살았다. 그의 삶에는 하나님을 향한 신앙의 지조 있는 태도가 습관처럼 깊이 물들어 있었다. 이런 사람들의 삶은 결국 사회생활에서 많은 어려움을 자초한다. 나영기도 그랬다. 고국으로 돌아온 나영기는 일터에서 어려움을 많이 겪었다. 그의 옳고 그름에 대한 분명한 태도 때문이었다. 결혼한 후에도 나영기의 이런 모습은 변함이 없었다. 그래도 나영기는 일하려고 애썼다. 그러나 옳고 그름이 명료하지 않은 세상은 계속해서 그를 어렵고 힘들게 했다. 한 번은 세금 관계로 이중장부를 만들라는 직장 상사의 지시를 어기고 그날로 사표를 쓰고 나온 적도 있었다. 결국 제대로 된 직장생활을 이어가기가 무척 어려웠다. 안봉화는 그런 남편을 탓하지 않았다. 그가 올바른 신앙인으로 살려고 애쓰는 것을 잘 알았기 때문이었다.

남편 나영기는 자신이 목회자의 삶에 어울린다고 생각했다. 그래서 한 번은 서울신학대학에 입학원서를 내고 두 달간 신학 공부를 하기도 했다. 안봉화는 그런 남편을 말렸다. 안봉화는 남편이 무엇을 해도 좋으나 목회자의 길만은 가지 않기를 바랐다. 안봉화는 봉산교회 오영필 목사의 도움을 받아 한창 신학 공부를 열심히 하는 남편을 대구로 데려왔다. 그리고 목사가 아니라면 자유로운 생활이 어울리겠다 싶어 목축업을 하도록 이끌었다. 그래서 대구 만촌동 산자락의 자갈밭 1천 평을 구매해 거기서 목장을 운영할 수 있게 했다.

그러나 남편 나영기의 교회 사랑은 변함이 없었다. 그는 장로가 되어 봉산교회를 위해 충성을 다했다. 안봉화는 남편 나영기의 교회 사랑이 지나치다 생각하기도 했지만, 어쨌든 남편이 하는 일이니 남편을 도왔다. 덕분에 나영기와 안봉화 집안은 봉산교회에서 없어서는 안 될 중직자의 집안이 되었다. 나영기는 나영기대로 안봉화는 안봉화대로 교회를 위해 충성했다. 봉산교회의 브리스길라와 아굴라 집안이 된 것이다. 딸 나신종의 기억에 의하면 이 시절 그의 집은 늘 교회 사람들로 북적거렸다고 한다. 그 시절 나영기와 안봉화의 집은 교회가 집인지, 집이 교회인지 구분되지 않을 만큼 교회를 중심으로 살아가는 집안이었다. 안봉화는 그런 남편이 교회 가운데 온전히 서도록 지원했고 협력했다. 안봉화는 남편이 뜻하는 바가 교회에 있음을 잘 알았다. 안봉화는 교회를 사랑하고 교회를 기뻐하는 남편의 모습을 보면서 목회자로 살지만 않는다면 다 괜찮다고 생각했다.

이후에도 나영기의 교회 사랑은 변함없이 계속되었다. 아니 더 깊어졌다는 것이 옳았다. 그의 교회를 향한 헌신은 청주로 삶의 터전을 옮긴 후에도 계속되었다. 나영기는 결국 청주에서 대구로 오가는 삶을 선택했고, 그러면서 대구 봉산교회 성전 건축의 소임을 다했다. 1975년의 일이다. 이후에도 나영기는 대구와 청주로 오가는 교회 생활을 이어갔다. 그런 가운데 나영기는 그 만의 교회에 관한 비전을 마음속에 품기 시작했다. 대구 봉산교회의 장로였으니 청주에 온전히 정착하기는 어려웠다. 그렇다고 대구로 돌아가는 일도 쉬운 일은 아니었다. 나영기는 그런저런 상황에서 교회 개척을 결심했다.

나영기는 교회 개척이야말로 이 세상에서 해야 할 가장 값진 일이라고 말했다. 그는 실제로 강원도에서 구호 활동을 벌이던 시절 교회를 알려진 것만 열한 개 개척한 경험이 있었다. 나영기는 마음의 빚진 사람처럼 교회 개척을 위한 준비에 들어갔다. 그리고 1977년 5월 19일 아내 안봉화가 운영하던 학원 강의실에서 첫 예배를 드렸다. 나영기는 꿈에 부풀었다. 매일 예배 처소로 와서 기도하고 예배를 드렸다. 그는 늘 기도하면서 그의 교회가 어서 독립된 예배 장소를 얻게 되기를 위해 힘썼다. 그렇게 청광교회는 시작되었고, 청광교회는 나영기의 모든 것이 되어갔다.

안봉화로서는 놀라운 일이었다. 목사만은 하지 말아 달라고 부탁해 겨우 장로로서만 교회를 위해 헌신하도록 했더니 이번에는 장로로서 교회를 개척하겠다고 나선 것이었다. 남편 나영기는 청광교회 개척과 운영, 그리고 사역에 과도하게 몰입했다. 옆에서 지켜보는 안봉화가 걱정스러울 정도였다. 그렇게 교회를 개척한 지 3개월이 다 되어갈 무렵 신실한 나영기 장로는 쓰러졌고, 그리고 얼마 지나지 않아 안봉화의 품 안에서 하나님 나라로 돌아갔다. 안봉화는 혼란스러웠다. 교회를 위해 헌신하는 것은 좋은데, 교회 때문에 죽게 되는 일은 받아들이기 쉽지 않았다. 남편이 그렇게 갑작스럽게 떠난 후 안봉화는 남편의 청광교회를 제대로 바라볼 수 없었다. 교역자가 아직 남아 있었고 교회로 계속 운영이 되고 있었다. 이제 안봉화가 교회를 도와야 옳았다. 그런데 그렇게 하기가 어려웠다. 남편의 그림자가 어른거렸고 황망하게 떠난 남편 생각에 마음을 다잡을 수 없었다. 많은 사람이 나영기 이후 청광교회의 표류를 여러 가지 이유로 이야기하지만, 안봉화가 마음을 다잡지 못한 것이 무엇보다 중요한 원인이었다.

안봉화는 남편을 떠나보내고 남편의 삶에 관해 많은 시간 묵상했다. 남편 나영기는 안봉화를 연단하는 하나님의 도구였고, 하나님 은혜의 도구였다. 안봉화는 남편 나영기를 통해 많은 것을 배웠고 누렸다는 것을 알게 되었다. 안봉화는 곧 남편이 다 하지 못한 신실한 하나님의 사람으로서 삶을 이루고 실현하기로 결단한다. 나영기를 통해 안봉화는 더 큰 하나님의 사람, 더 신실한 하나님의 사람으로 새롭게 태어난 것이다. 그래서인지 안봉화는 자기 수기에서 남편에 대해 이렇게 이야기했다.

그 많은 시련, 수고, 고난을 통하여 지금의 안봉화 권사가 만들어졌다. 나의 가는 길을 오직 그만 아신다는 욥의 고백처럼, 그가 (남편을 통해) 나를 단련하신 후에는 내가 '정금'으로 나왔다고 해야 할 것 같다.

이후 안봉화는 마치 남편 나영기의 분신처럼 교회를 위해, 하나님 나라를 위해 수고하고 헌신했다. 남편이 있을 때는 남편 나영기가 드리우는 그림자 안에서만 봉사하고 헌신했다면, 이제는 스스로 나서 교회와 복음과 하나님 나라를 위해 헌신하는 사람이

안봉화는 신앙으로 자라는 손주를 보는 일을 큰 은혜로 여겼다.

되었다. 남편 나영기의 헌신과 그리고 죽음은 슬프고 고통스러웠지만, 그 모든 시간에 안봉화는 하나님을 위해 성심을 다하는 딸 안봉화로 거듭난 것이다.

안봉화는 나영기와의 사이에 아들 하나와 딸 둘을 두었다. 신자와 건일은 나영기의 사별한 전 부인의 자녀들이었고 신종은 안봉화와 나영기 사이에 태어난 유일한 자녀였다. 신자와 건일은 하나님께서 맺어준 부모 자식 사이 관계였다. 안봉화는 결혼하면서 나영기에게 두 자녀가 있다는 것을 알고 마음이 어려웠다. 아니 그 결혼이 가능할지 염려스러웠다. 그러나 안봉화는 곧 그것이 하나님께서 자기에게 주신 선물이라는 것을 깨닫고 그에게 주어진 현실을 받아들였다. 자기가 자녀를 갖지 않는 한이 있어도 두 남매를 잘 키워보리라 마음을 먹었다. 그렇다고 해도 나영기의 두 자녀를 품는 일은 쉽지 않았다. 어찌 보면 안봉화 인생에서 가장 큰 숙제이며 사명이 바로 그 두 자녀였다.

큰딸 신자는 새어머니 안봉화와의 관계를 어려워했다. 힘들어하기는 안봉화도 마찬가지였다. 아무리 품으려 해도 품으로 들어오지 않는 딸 때문에 기도하는 시간이 점점 많아졌다. 나영기도 딸 때문에 마음고생을 많이 했다. 딸이 벌인 일들 때문에 장로로서 덕을 상실했다는 이유로 성찬 참여를 금지당하는 치리를 받기도 했다. 그래도 부부는 딸을 위해 기도하며 딸의 장래를 위해 그리고 안정적인 삶을 위해 애썼다. 안봉화는 특히 정성을 다해 딸을 위해 노력했다. 그러나 딸은 평생 안봉화의 그늘 밑에 있지 않았다. 안봉화는 살아생전 딸을 위한 기도를 내려놓을 수 없었다. 딸 신자는 안봉화에게 말로 다 못 할 신앙의 과제요, 하나님과 그 사이 속으로만 담아 둔 사명이었다.

반면 아들 건일은 착했다. 건일은 처음 시집오던 날 안봉화를 바라보며 "우리 엄마, 이제 와요?" 하며 새엄마를 반겼다. 건일은 새엄마에게 친근했다. 학교에 다녀오면 미주알고주알 하루 있었던 일들을 늘어놓기도 했다. 그는 조산원에서 일을 보느라 힘들어하는 어머니의 팔과 다리를 주물러 주기도 하는 선하고 착한 아들이었다. 조금 철이 들어서는 조산원으로 바쁜 나날을 보내는 어머니를 위해 누룽지를 끓여 놓기도 했다. 그리고 동생 신종에게 '어머니 드실 것이니 손대지 말라'고 말하고 학교에 가기도 했다. 건일은 시댁 식구들에게 늘 시달렸던 어머니를 안쓰러운 마음으로 바라보며 늘 어머니의 편에 서기를 주저하지 않았다. 그래서 고모들과 삼촌들에게 구박당하기도 했다. 그래도 건일은 언제나 어머니 편에 서 있었다.

건일은 똑똑했다. 수재라는 소리를 들으며 자랐다. 한 번 공부한 것은 잊어버리지 않았고 무엇이든지 배우기 좋아했다. 중고등학교 내내 아들 건일은 부모 속을 썩이지 않고 공부만 열심히 하는 훌륭한 아들이었다. 나영기와 안봉화는 그런 아들이 자랑스러웠다. 나씨 집안을 크게 일으킬 재목이라고 확신했다. 특히 안봉화는 건일이 커서 집안을 크게 세워주기를 간절히 바랐다. 그런 어머니의 기대에 부응해 건일은 학교에서 줄곧 수석 자리를 놓치지 않았다. 그리고 결국 대학 입학시험에서 전국 수석을 차지했다. 안봉화는 아들이 계속해서 서울대학교에 진학하기를 바랐다. 그런데 아들의 생각은 달랐다. 건일은 그저 착한 마음 하나로 어머니 곁에 머물기를 바랐다. 그래서 부모님의 생각과 달리 경북대학교에 입학했다. 사실 건일은 신학대학에 가기를 원했다. 고등학교 때 임동선 목사의 부흥회에서 서원한 것이 계기였다. 그러나 어머니 안봉화는 그 길을 바라지 않았다. 안봉화는 아들이 차라리 의사가 되기를 원했다.

안봉화에게 아들 건일을 다스리는 일은 쉽지 않았다. 건일은 경북대학교를 졸업하고 ROTC로 임관한 뒤 1군 사령부에서 근무했다. 군대에 갔다 온 후에는 군대 시절 상관의 제의가 있다며 서울로 가서 거기서 경영학으로 대학원을 다니며 직장생활을 하겠다고 했다. 나영기와 안봉화는 대구에서 머물며 교사를 하기를 바랐다. 그래서 건일을 달래기도 하고 꾸짖기도 하며 길이 아닌 것은 가지 않아야 한다고 설득했다. 실제로 건일은 부모의 뜻을 따라 대구에서 잠시 교사 생활을 하기도 했다. 그런데 서울의 일자리에 대해 한 번 마음을 품은 건일을 막아 세울 도리가 없었다. 안봉화는 그런 아들을 붙들고 차라리 신학대학에 가라고 하기도 했다. 그러나 건일은 걱정하는 어머니 안봉화에게 "엄마 걱정하지 마시오. 아버지같이 장로가 되어 충성하면 되잖아요"라고 말하고 서울로 갔다.

건일은 그사이 결혼도 하게 된다. 며느리인 양희와의 사이에 은근이와 은영이 두 자녀도 얻었다. 그렇게 건일은 서울에 잘 정착하는가 싶었다. 그런데 건일의 인생은 쉽게 풀리지 않았다. 서울에서 다니던 직장은 곧 그만두게 되었다. 그리고 새로 시작한 사업은 잘 풀리지 않았다. 공장에 불이 나고 직원이 다치는 일이 발생한 것이다. 건일은 낙심했다. 마침 대구의 한 대학에서 교수 자리를 제안해왔다. 건일은 모든 것을 처분하고 고향 대구로 내려가기로 마음먹었다. 그리고 대구의 한 대학에서 교수 생활을 시작했다. 건일에게는 그런 자리가 어울리지 싶었다. 그러나 새롭게 시작한 대구 생활은 오래 이어지지 못했다. 안봉화로서는 하늘이 무너지는 일이 일어난 것이다.

1982년 8월 5일 아버지 나영기 장로의 6주기 추도예배를 드리고, 다음 날 아침 건일의 가족은 동생 신종의 대전 집으로 가서 좀 쉬다 오겠다고 길을 나섰다. 건일은 동생 집에서 잠시 쉬고, 다시 오후 3시 고속버스를 타고 대구로 돌아오고 있었다. 그런데 그만 그 버스가 금강 다리 난간을 들이받고 강 건너편 언덕으로 추락하는 사고가 발생하고 말았다. 버스에 타고 있던 사람들 가운데 열한 명이 현장에서 죽었다. 그 가운데에는 건일과 며느리 양희 그리고 손자인 은근이 포함되어 있었다. 당시 열 살이던 은영만 살아남았다.

 대구에 벌써 도착했어야 하는 아들에게 소식이 없자 안봉화는 걱정이 들기 시작했다. 그때 텔레비전에서 고속버스 사고 소식이 뉴스로 나왔다. 그리고 곧 아들 가족의 사망 소식이 들려왔다. 안봉화는 혼절하기를 거듭하며 딸 부부를 데리고 시신이 안치된 대전의 을지병원으로 갔다. 처음에는 아들과 가족의 상태를 확인할 수 없었다. 살아남은 은영이는 아직 의식이 없었다. 안봉화는 사위 신경식을 데리고 대전 성모병원과 을지병원 사이를 다니며 아들과 며느리, 그리고 손자를 찾았다. 그리고 셋의 사망을 확인했다. 아들 건일과 며느리 양희, 그리고 손자 은근은 그렇게 그 누구의 예측과 준비도 허락하지 않은 채 사랑하는 사람들의 곁을 떠났다. 건일을 마음으로 낳았지만, 안봉화는 그 아들을 누구보다 사랑했다. 그런데 그 아들이 사랑하는 손자, 그리고 며느리와 함께 돌아오지 못할 길을 떠난 것이다. 안봉화는 그 모든 현실이 믿기지 않았다. 아니 납득하기 어려웠다. 하나님을 향해 원망의 말들도 쏟아냈다. 그러나 통하지 않았다. 아들과 손자 그리고 며느리는 떠났고 돌아올 수 없었다.

 어느 정도 시간이 지나 안봉화는 마음을 다스렸다. 동생 신종도 오빠의 죽음을 받아들이기 어려웠다. 아침에 만났는데 이렇게 죽음이 되어 돌아온 오빠와 언니와 조카를 두고 오열했다. 안봉화는 그런 딸의 어깨를 안았다. 그리고 오빠를 잘 보내야 한다고

안봉화는 자신의 말년을 기도하고 찬양하며 예배하는 시간으로 보냈다.

다독였다. 우선 살아남은 손녀 은영 문제를 정리해야 했다. 안봉
화는 당시 충남대학교에서 전문의 과정을 밟고 있던 사위 신경식
에게 은영이를 충남대 병원으로 옮겨달라고 부탁했다. 안봉화는
충남대학교 병원에서 은영이의 상태를 살폈다. 다행히 크게 다친
곳은 없었다. 천만다행이었다. 이어서 안봉화는 아들과 며느리 그
리고 손자의 장례를 준비했다. 어머니로서 할머니로서 도저히 할
수 없는 일이었지만, 안봉화는 마음을 다잡고 그 모든 일을 치렀

다. 아들과 며느리, 손자를 보내는 장례 일정을 모두 직접 진행했다. 그것이 건일의 어머니로서 마지막 건일에게 해야 할 일이라고 믿었다. 후일에 사위인 신경식은 아들 장례를 치르는 장모 안봉화의 모습을 이렇게 기억한다.

장모님, 안봉화 권사님은 사랑하는 아들 내외와 손자를 교통사고로 잃어 참으로 크나큰 상처를 받으시고, 선천성 심장병이 있으신데, 태어난 외손자를 먼저 보내는 등의 온갖 아픔을 겪으셨습니다. 그러나 장모님은 시련에도 굴하지 않으시고 꿋꿋이 대처해 나가시며, 오직 하나님만을 의지하여 고통 가운데서도 하나님을 신뢰하고 찬양하며 오히려 감사하는 모습을 보이셨습니다. 어머니는 신앙의 참 모습이 무엇인지를 보인 욥과 같은 분이셨습니다.

이후 안봉화는 그 거친 사고에서 살아남은 은영을 위해 살았다 해도 과언이 아니다. 안봉화는 죽은 아들과 며느리 그리고 손자에게 나온 보상금으로 은영의 미래를 준비했다. 그 돈만큼은 함부로 쓰고 싶지 않았다. 그게 옳았다. 그때 은영은 아빠와 엄마 그리고 오빠의 장례를 치르기 위해 나서는 할머니 안봉화의 슬픔을 알기라도 하듯 자기 슬픔을 드러내지 않았다. 훗날 은영은 그때 할머니가 아빠와 엄마 그리고 오빠의 장례를 치르러 간다는 것을 알고 있었다고 고백했다. 그렇지만 그것을 드러내는 것이 할머니에게 아픔이리라 생각해 말을 하지 않았다고 했다. 안봉화는 은영의 그 말이 너무 슬펐다. 그래서 은영을 더욱 품었고 은영이 바르게 자라도록 애썼다. 은영을 잘 키우는 것은 하늘에 있을 아들 건일에게 어머니 안봉화가 할 수 있는 유일한 일이었다.

안봉화의 가족에 관한 이야기에서 빼놓을 수 없는 이야기는 바로 딸 신종과의 관계이다. 신종은 나영기와의 사이에 태어난 딸이었다. 안봉화는 신자와 건일 외에 자녀를 두지 않겠다고 생각했으나 하나님께서 두 번의 유산을 거쳐 마지막에 딸 신종을 선물로 주셨다. 더 이상 아이를 갖기는 어려웠는데 하나님께서 그의 태를 여시고 인도하신 것이다. 신종은 안봉화에게 둘도 없는 딸이다. 그러나 안봉화는 그런 자기 마음을 다 드러낼 수 없었다. 신자와 건일이 있었기 때문이다. 신자와 건일 그리고 신종 사이 나이 차가 많다고는 하지만, 아직 아이들인 것은 분명했다. 안봉화는 신자와 건일에게 괜한 그림자를 만들고 싶지 않았다. 안봉화는 자식들 앞에서 누가 보아도 의도가 분명한 행동을 보였다. 신종이 막내지만 신자와 건일 앞에서 신종을 두둔하거나 앞세우지 않았다.

그렇다고 신종이 귀하지 않은 것은 아니었다. 안봉화에게 신종은 눈에 넣어도 아프지 않은 귀한 딸이었다. 안봉화는 본인이 조산원을 운영하고 있지만 본인의 아이는 어찌할 수가 없어서 예전에 근무하던 경북대학교 병원으로 가서 거기서 신종을 낳았다. 그때 그 병원에는 스위스에서 온 의료진이 있었는데 그들은 신종을 안고서 "뷰티풀 베이비"를 연발했다. 신종은 그들에게만 예쁜 아이가 아니었다. 안봉화에게 신종은 천하에 가장 예쁜 아이였다. 그런데 신종은 어려서부터 많이 아팠다. 한 번은 열이 너무 올라 아이가 죽을 뻔한 적도 있었다. 그때 안봉화는 남편 나영기와 번갈아 가며 아픈 딸을 안고 기도했다. "세상 어떤 약이나 의사가 고칠 수 없는 병이라도 우리 하나님의 능력은 능히 할 수 있으시다"라며 간절히 하나님의 치료를 구했다. 그때 살아난 아이를 보며 안봉화는 귀한 딸을 살리신 하나님께 감사하고 감사했다.

안봉화는 둘도 없는 딸 신종이 무엇보다 하나님 안에서 잘 자라기를 바랐다. 그래서 하나님의 귀한 딸로 하나님의 일을 많이 하며 살게 되기를 바랐다. 이름도 믿을 신信, 따를 종從이라는 이름을 지어주었다. 그래서인지 안봉화는 딸 신종을 엄하게 키웠다. 다른 자식들에게 보이는 틈을 신종에게는 보이지 않았다. 어떤 문제라도 있으면 반드시 그 문제를 짚고 넘어갔고, 잘못된 것은 반드시 고치도록 했다. 신종은 그런 어머니를 힘들어했다. 유독 자신에게만 엄한 어머니가 이해하기 어려웠다. 그렇지만 어머니 안봉화의 뜻을 거스르거나 딴 길로 가지는 않았다. 신종은 이후 어머니의 뜻대로 간호학을 공부하고 어머니 안봉화의 학원에서 어머니와 함께 일했다. 얼마 시간이 지난 후에는 어머니를 대신해 학원을 운영했다. 안봉화는 그런 딸이 믿음직스러웠다. 안봉화는 곧 딸에게 모든 것을 맡겼다. 딸 신종이 의사인 신경식과 결혼한 후에, 그리고 아들 건일을 잃은 후에는 더욱 그랬다. 안봉화에게 딸 신종은 아들과도 같은 존재였으며 유일하게 믿을만한 상대였다. 나신종은 엄한 어머니 안봉화를 이렇게 이야기한다.

교육에는 엄하셨다. 오빠에게는 그렇지 않으셨던 것 같은데…. 일 년에 한두 번씩은 정말 눈물을 뚝뚝 흘리도록 꾸중하셨다. 어머니는 항상 현재 있는 작은 것도 나누도록 가르치셨고 물질에 욕심을 내지 않아도 주님께 감사하면서 살면 언제나 풍족한 삶이 기다린다고 일러주셨다. 정직을 제일 강조하셔서 아무리 큰 실수를 하여도 바른말을 할 때에는 오히려 정직하다 칭찬하시고 앞으로는 그렇게 하지 않도록 교훈하셨다. 후에 자식을 키우게 되면서 나는 어머니처럼 쉽게 용서하고 잘 교훈하는 일이 참으로 쉽지 않고 어렵다는 것을 깨달았다.

딸 신종은 어머니와 함께 지내 온 세월을 보내고 또 보낸 뒤에 이제 자신도 할머니가 되어 옛날을 추억한다. 나신종에게 어머니 안봉화는 닮아야 할 기둥 위 위대한 동상이었고, 안봉화에게 신종은 쇠락해 가는 자신이 기댈 수 있는 유일한 안식처였다.

나이 팔십이 되던 날 감사예배에서 안봉화는 남편과 가족들과 더불어 성장한 자신을 보았다. 그날 감사예배는 그가 평생에 지켜 온 가족들에 대한 감사였다. 그는 먼저 간 남편에게 감사했다. 그리고 아들과 며느리, 손자에게 감사했다. 살아남아 잘 큰 손녀딸에게도 감사했다. 무엇보다 그와 평생을 함께해 준 딸과 사위 그리고 손녀들에게 감사했다. 그는 자신의 팔십 평생을 그렇게 가족들에 대한 감사로 마무리했다.

그러나 그는 무엇보다 그의 팔십 평생 그의 가족에게 흔들림 없는 기둥이 되어 온 것에 대해 하나님께 감사했다. 무수히 많은 순간, 그는 넘어질 수 있었고 쓰러질 수 있었다. 그러나 안봉화는 넘어지지 않았고 굳건하게 그 자리를 지켰다. 그는 변함없이 아내였고, 흔들림 없이 어머니였으며, 한결같이 할머니였다. 그 모든 어려웠던 시간을 지나며 그는 굳건하게 자기 자리를 지켜냈다. 주후 5세기 주상성자柱上聖子로 불리던 시므온Simeon the stylite에게 지나가던 한 사람이 이렇게 말했다.

선생님, 저는 당신이 거기 높은 기둥 위에 앉아 40년간 기도하시던 내내 이 앞을 지나던 사람이었습니다. 선생님, 선생님께서는 저를 모르시겠지만, 저는 선생님 선생님께서 거기 기둥 위에서 그렇게 변함없는 모습으로 기도하신 덕에 살아남았습니다. 저는 젊어서 질망 가운데 전쟁터에

안봉화는 삶을 하늘의 축복으로 여기며 주어진 하루하루를 성심으로 살았다.

끌려갈 때 그 위에서 기도하시던 선생님을 보았습니다. 전쟁터에서 안전하게 돌아올 때도 거기 계신 선생님을 보았습니다. 제가 결혼해 기뻐하던 날도, 제가 아들을 얻어 행복하던 날도, 그 아들이 전쟁터에 가서 죽었다는 소식을 들었던 날도 선생님은 변함없이 거기서 기도하고 계셨습니다. 이제 나이가 들어 저는 제가 살아온 모든 세월에 기둥 위 선생님께서 늘 함께하셔서 감사합니다. 선생님은 저에게 진정한 성자이십니다.

안봉화는 과연 한결같이 기둥 위 기도의 자리를 지킨 시므온과 같은 사람이었다. 그는 그가 가족이라 여기던 사람들, 사랑하는 아들과 딸들, 사위들과 며느리, 그리고 손주들에게 변함없는 기둥이었다. 안봉화는 그렇게 70년이 넘는 세월을 가족에게 흔들림이 없는 기둥이었다. 가족은 그런 안봉화에게 기대어 태어났고 성장했으며 행복했고 은혜로웠다.

안봉화의 마지막 시간을 이야기해야 할 것 같다. 평소 몇 가지 질환이 있었지만 대체로 건강한 노년을 보내던 안봉화는 2019년 들어 갑자기 건강이 좋지 않게 되었다. 혈압에 문제가 생겼는데, 부단한 치료에도 회복이 되지 않았다. 결국 매사에 성실하게 주변 모든 사람을 돌아보던 안봉화는 거동이 어렵게 되고 자리를 보전하게 되었다. 교회 예배와 집회는 빠지지 않던 안봉화였다. 아파 쓰러져도 교회에서 쓰러졌던 안봉화였다. 그러나 이번에는 달랐다. 안봉화는 교회조차 다니기가 어렵게 되었다.

그러나 집안에서의 거동은 어느 정도 가능했다. 안봉화는 스스로 바깥출입이 어렵게 되었다는 것을 알고 집안에서 건강을 지키는 생활을 택했다. 아침에 일어나면 집안 여기저기를 돌아보았다.

특히 화분들을 돌보는 일을 열심히 했다. 성경 읽기와 찬송 부르기, 기도하기 등은 여전히 삶의 중심에 서 있었다. 그렇게 안봉화는 차츰 회복되는 것 같이 보였다. 그러나 그에게 주어진 시간은 거기까지였다. 하나님께서는 평생 당신을 위해 수고하고 헌신한 안봉화를 당신의 나라로 데려가기로 하셨다. 그렇게 거동이 어려운 채로 집에서 보낸 2년여의 세월은 당신의 사랑하는 딸 안봉화에게 준비할 시간으로 주신 것이다.

2022년 새해가 밝고 안봉화의 상태는 급격하게 나빠졌다. 의사인 사위 신경식 장로는 여러모로 안봉화의 상태를 살폈다. 징후는 좋지 않았다. 낮에는 간병인이 돌보고 밤에는 딸 신종과 사위가 번갈아 가며 살피는 시간이 계속되었다. 그러는 가운데 안봉화는 점점 기력을 잃어갔다. 가족들은 이제 마지막이 다가오고 있다는 것에 마음을 같이 하고 안봉화의 마지막이 은혜롭고 평안하도록 힘썼다. 안봉화는 자신도 마지막 시간이 다가오고 있음을 알고 있었다. 그는 몸을 움직이기 어려운 가운데도 의식을 또렷이 하고 가능한 자녀들과 간병인이 힘들지 않도록 배려하는 일을 잊지 않았다. 찬송과 기도, 성경 읽기가 끊이지 않기를 바랐다. 안봉화의 방에는 찬송이 꾸준히 흘러나왔다. 기도 소리와 성경 낭독 소리가 끊어지지 않았다. 안봉화는 마지막 시간, 자신이 하나님 나라에 갈 때가 왔음을 알고 '사랑하는 사람들에게' 친필로 글을 남겼다.

내 본향 하나님 나라로 이사갑니다.

할렐루야 우리 주님 부르시니 나는 갑니다.

이 땅에 있을 동안 온갖 은총으로 인도해주시다가

이제 때가 되어 오라 하시니 내 본향 집으로 돌아갑니다.

열두 진주문 황금보석 꾸민 내 집,

먼저 가신 내 육신의 부모 형제 나를 기쁨으로

그 문에서 맞아주겠지요.

내가 항상 그리던 내 주님 오시옵소서.

고대하던 내 주님 나를 기쁨으로 맞아주시리라 믿고

나는 주님 품으로 갑니다.

　딸 신종과 사위 신경식 장로는 자손들을 불러 모으기 시작했다. 당장 멀리 노르웨이에 있는 손녀와 사위를 불러들였다. 할머니의 위급 소식을 들은 손녀는 출산을 위해 예정해 두었던 귀국 일정을 앞당겨 할머니에게 왔다. 다른 가족들에게도 상황을 알렸다. 안봉화의 친지들이 하나둘 안봉화의 얼굴을 보기 위해 왔다. 평소 가까이 지내던 목사들과 여전도회 관계자들과 교회 성도들 그리고 지인들도 안봉화를 찾았다. 그들은 넘치는 사랑으로 함께 해온 안봉화에게 찾아와 안봉화를 위해 기도했다. 안봉화가 섬기던 서원교회에서는 마지막 임종 예배를 준비했다. 서원교회 정진호 목사는 자녀들의 요청에 따라 조용히 그러나 은혜로운 예배를 인도하며 안봉화의 영혼을 하나님께 의탁했다.

마지막 며칠, 안봉화는 병원으로 오갔다. 그러나 안봉화는 마지막 순간 자신을 병원보다는 하나님과 가족에게 의탁했다. 안봉화는 집으로 돌아왔다. 그렇게 며칠을 보내고 마지막 날 정오, 안봉화는 점점 숨을 쉬기가 힘들어졌다. 맥박이 떨어지고 혈압도 떨어져 갔다. 안봉화는 어떤 회한도 없다는 듯, 평안한 얼굴이 되어갔다. 하나님께서 그의 고단한 영혼을 받아주고 계심이 틀림없었다. 안봉화는 곧 숨이 잦아들기 시작했다. 2022년 4월 19일 오후 1시 30분, 꽃봉오리 안봉화는 하나님의 품에 안겼다.

모두를 품은 성심 誠心
안봉화 평전

그리스도의 사람

안봉화는 6·25 참전 용사로서 괴산 호국원에 안장되었다.

안봉화는 그가 아는 복음의 진리로 성심을 다해 살고, 자기를 드러내기보다 예수 그리스도를 통해 배우고 알게 된 것을 세상에 드러내고 그렇게 예수 그리스도의 복음이 드러내는 성심으로 세상을 새롭고 온전하게 하는 일을 위해 산 사람이다.

안봉화는 예수 그리스도의 사람이었다. 안봉화는 평생 그를 구원과 영생으로 인도하신 예수를 전하며 살았다. 그는 시간이 날 때면 언제나 청주의 시장과 거리로 나가 만나는 사람 누구에게나 예수 그리스도를 전했다. 손녀 또래의 청소년들도 그냥 지나치는 법이 없었다. "얘들아, 내가 너희들에게 꼭 전해주어야 할 이야기가 있단다. 예수님이라는 분에 관한 이야기야. 내 이야기 좀 들어보겠니?" 할머니 안봉화가 다가가면 아이들은 손사래를 치며 도망치기 일쑤였다. 그래도 착한 아이들은 있게 마련이라 할머니 안봉화의 이야기를 귀담아듣는 아이들도 있었다. 그 아이들 가운데 몇몇은 안봉화가 다니는 서원교회 중고등부에 출석하기도 했다.

안봉화는 만나고 교제하는 사람들 누구에게나 어김없이 예수 그리스도를 전했다. 그 가운데 한 사람 디자이너 김인수 선생은 그렇게 안봉화의 전도로 교회에 다니기 시작한 한 사람이었다. 김인수는 학교 미술 선생 일을 그만두고 원래 전공을 살려 옷을 디자인하고 만드는 일을 새롭게 시작했다. 과감하게 전업하고 패션 부티크를 차린 지 얼마 지나지 않았을 때, 안봉화는 불쑥 그의 가게를 찾았다. 그리고 그에게 자기 옷을 만들어 달라고 부탁했다. 이후 안봉화는 김인수 부티크의 단골이 되었고 자기 옷을 그곳에서만 맞춰 입었다. 그런데 김인수의 어머니가 그만 세상을 떠나고 말았다. 장례식장에서 김인수는 말할 수 없는 슬픔에 빠져 있었다.

안봉화는 딸 신종과 함께 빈소를 찾았다. 그리고 슬픔에 빠져 있는 김인수를 위로했다. 그날 김인수는 안봉화에게 큰 위로를 받았다. 안봉화는 김인수에게 이렇게 말했다. "김 선생! 이제부터는 내가 엄마 해줄게. 너무 힘들어하지 말고 빨리 털고 일어나야지. 그리고 나랑 같이 교회도 가고 하자!" 교회에 가자는 말은 잘 들리지 않았다. 안봉화의 말 가운데 크게 울림이 있었던 것은 "내가 엄마 해줄게…"라는 말이었다. 김인수는 그 말에 크게 감동했다. 이후 안봉화는 김인수를 정말 아들처럼 보살펴 주었다. 김인수도 안봉화를 어머니처럼 따랐다. 그런데 그것이 전부가 아니었다.

장례를 치르고 한 달쯤 지난 후 안봉화는 김인수에게 전화를 걸어 이렇게 말했다. "이제 마음을 다스리고 교회에 와보지 않겠어?" 그러나 김인수는 '어머니' 안봉화의 제안을 선뜻 응하지 못했다. 그는 작은 소리로 이렇게 대답했다. "아, 아니 아직은 힘들어서 조금 더 생각해 보겠습니다." 안봉화는 그런 김인수를 다그치지 않았다. 그는 따뜻한 목소리로 아들 김인수에게 말했다. "알겠네. 조금 더 지나 보고 그때 또 보자." 처음 김인수는 단골의 괜한 요구인가 싶기도 했다. 그런데 그것이 아니었다. 안봉화는 진심으로 그가 교회에 다니기를 바랐다.

결국 김인수는 안봉화의 손에 이끌려 교회에 다니기 시작했다. 그런데 교회 다니는 일이 쉽지 않았다. 여러 가지 어려운 일들이 많았다. 일요일을 예배에 맞추어 산다는 것도 쉽지 않았다. 무엇보다 교회 사람들과 어울리는 일이 어려웠다. 그렇게 한동안 교회에 다니던 김인수는 안봉화에게 어렵게 말을 꺼냈다. "권사님, 저 이제 교회에 그만 다니렵니다." 그때 안봉화는 김인수에게 이렇게 말했다. 김인수는 안봉화의 한마디 말에 마음의 깊은 감동을 얻었다.

"교회는 사람을 보고 다니는 게 아니야,

주님을 보고 가야지."

김인수는 안봉화의 이 말 한마디에 교회를 계속 다니기 시작했다. 자신의 대응이 어떠하든지 흔들림 없이 하나님의 사람으로서 끈질기게 자신을 복음의 자리로 이끌었던 영적인 힘이 김인수를 교회와 신앙의 중심으로 인도했다. 김인수는 이후 안봉화의 말대로 하나님을 보고 교회 다니는 법을 배우게 되었다. 그렇게 김인수는 집사가 되었다. 그때 안봉화의 말은 김인수의 마음을 움직인 것이 아니었다. 안봉화의 이 말은 김인수의 심령을 움직인 것이다. 안봉화는 한 영혼이 하나님께로 나아오는 일에 진심이었다. 그것은 그의 평생에 그가 품고 있던, 그가 가장 중요하게 여기던 그의 삶의 핵심이었다. 안봉화는 그가 하는 모든 일을 통해 사람이 변화하고 하나님의 사람이 되고 교회의 사람이 되어 그와 함께 하나님 나라를 위해 일하는 일이 일어나기를 바랐다. 안봉화

성심의 사람 안봉화

의 진정성眞情性은 거기에 있었다.

안봉화를 어떻게 말하는 것이 옳을까. 안봉화는 복음福音과 성심誠心의 사람이었다. 그는 어려서 어머니 발치에서 경험했던 복음, 그가 선산읍교회에서 몸으로 익혔던 예수 그리스도의 복음에 의지해 평생을 살았다. 안봉화는 다 찢어진 성경 조각들을 모아 불에 태우며 눈물로 기도하시던 어머니의 모습, 소동열 선생의 강렬한 가르침을 몸과 마음에 새겼다. 전쟁터의 비극과 고통의 현장에서 하나님을 의지해 담대하게 서는 일을 온몸으로 경험했다. 그리고 혼탁한 세상에서 믿음을 지키는 일의 실제를 온전히 경험했다. 그러면서 남편 나영기의 헌신과 충성으로 다져진 신앙을 그의 가슴에 새겨 넣기도 했다. 아들의 죽음으로 얻은 깊고 곧은 신앙의 의미를 삶 가운데 구현하고 드러냈다. 그는 그렇게 평생 배우고 새긴 복음의 가치를 스스로 구현하고 전하며 살았다.

안봉화는 예수 그리스도에 대한 깊은 신앙고백 가운데 그 평생 삶의 모든 편린들을 하나의 일관성 있는 여정이 되도록 묶어 나갔다. 만주와 병원, 전쟁터와 일터, 시댁에서의 삶과 조산원과 의원, 학원, 교회, 여전도회의 모든 사업, 교단 일들의 모든 상황에서 그는 예수를 향한 성심 있는 마음으로 삶의 모든 순간을 하나로 묶어갔다. 그는 그 모든 길에서 내려놓기도 하고, 모아두기도 하고, 버리기도 하고, 지키기도 했다. 상처받기도 하고, 품기도 하고, 미워하기도 하고, 사랑하기도 했으며, 빼앗기기도 하고, 얻기도 했고, 배우기도 하고, 가르치기도 했다. 그의 인생 희노애락 모든 것은 결국 예수 안에서 온전히 안봉화를 이루도록 했다. 안봉화의 삶의 모든 순간은 결국 예수를 향한 축적蓄積이었다.

안봉화의 진정성은 예수 복음을 향한 자기 삶의 성심 있는 축적에 있을 것이다. 안봉화는 삶의 긍정적인 순간뿐 아니라 삶의 부정적인 상황에서도, 삶의 기쁨의 시간뿐 아니라 삶의 슬픔과 절망의 시간마저도 그 모든 경험이 온전히 그 자신의 것이 되게 했다. 그래서 그 모든 것이 복음의 온전한 실현으로 이어지도록 했다. 그는 자기 삶을 인도하시는 하나님을 믿으며 그 아들 예수 그리스도의 십자가를 향한 길을 본받으려 애썼다. 그리고 그가 평생 걸어온 모든 길을 그리스도를 향한 길로 두기를 바랐다. 자기가 그 모든 길을 걸으며 지고 온 헌신의 결실들을 그리스도의 십자가 앞에 쌓아두기를 바랐다. 안봉화의 참모습을 보려면 안봉화의 복음을 향한 성심, 이것을 보아야 한다. 거기 그 신실한 삶, 축적의 자리에 참된 안봉화가 있다.

성심誠心이라는 것은 "참된 뜻으로 정성을 다하는 것"을 말한다. 우리가 보통 사서四書라고 말하는 책 가운데 하나 공자孔子의 손자 자사子思가 지었다는 『중용』中庸은 이 '성심'을 중요하게 다룬다. 중용은 하늘이 내려준 참된 뜻을 '인'仁으로 잘 지켜내고, 그렇게 그 성심이 세상 가운데 드러나게 되면, 그렇게 드러난 모습으로 곧 세상이 변화하게 된다고 가르친다. 안봉화는 아마도 이런 사람이었을 것이다. 안봉화는 그가 아는 복음의 진리로 성심을 다해 살고, 자기를 드러내기보다 예수 그리스도를 통해 배우고 알게 된 것을 세상에 드러내고, 그렇게 예수 그리스도의 복음이 드러내는 성심으로 세상을 새롭고 온전하게 하는 일을 위해 산 사람이다. 그래서 실제로 예수님께서는 우리에게 이 성심을 이렇게 가르치신다. "너희가 내 말에 거하면 참으로 내 제자가 되고 진리를 알지니 진리가 너희를 자유롭게 하리라"요 8:31~32 안봉화는 이 말씀의 참된 의미를 알고 그것을 자기 삶에서 실현한 참 예수님의 제자였다.

모든 것이 즉흥적이기만 해서 자기와 어울리지 않으면 즉석에서 쉽게 내던지기를 즐기는 시대, 우리는 이런 시대를 살고 있다. 안봉화는 아마도 이 즉흥의 시대를 역행하여 산 사람일 것이다. 그는 단번에 모든 것을 해결하려 하지 않았다. 그는 그가 만나는 사람, 그가 하고자 하는 일을 제대로 알기 위해 성심을 다했다. 그리고 그렇게 알게 된 것을 실현하기 위해 역시 성심을 다했다. 그는 그 일에 필요한 모든 것, 심지어 자기가 가진 모든 것을 아낌없이 바치고 버릴 줄 알았다. 그리고 결국에 그가 결실하여 이룬 모든 것을 예수 그리스도의 십자가 앞에 가져가 예수 복음의 승리를 외치며 하늘을 향해 자신의 결실을 바칠 줄 아는 사람이었다. 안봉화는 그가 사명과 헌신으로 살아온 길에서 마주하는 모든 것을 끝내 끌어안고 끝까지 자기 십자가와 복음의 길을 완수했다.

소설가 찰스 디킨스Charles Dickens는 "인생은 삶의 무게를 감당할 줄 아는 사람의 것"이라고 말했다. 안봉화는 과연 자기 삶의 무게감을 아는 사람이었다. 그는 자기에게 주어진 인생을 그 무게감으로 온전히 살아냈다. 이제 그는 하늘에서 고단했던 자기 삶을 되돌아보며 감사하고 감사하는 가운데 안식할 것이다. 하늘나라 거기서 어머니와 남편 그리고 사랑하는 아들을 만나 그가 살아왔던 세월의 결실을 간증하며 기쁨으로 하나님께 영광을 돌릴 것이다. 사랑의 하나님이시여, 이제 안봉화를 하늘 안식의 자리로 인도하소서. 주 예수여, 성심의 사람 안봉화를 우리에게 허락하신 당신을 찬양합니다. 아멘.

안봉화 약력

안봉화 安奉花

1926년　4월 23일 경북 봉화에서 출생

　　　　(부친 안성호와 모친 홍아가)

사회이력

1940년　만주국 장춘(신경) 간호학교 입학

1945년　한국부인회 활동 시작

1946년　경북대학교 병원 간호사 취업

1950년　포항도립병원 간호과장

1950년　군무원으로 제3야전병원 배속 6·25 전쟁 참전,

　　　　2018년 국가 유공자 수훈

1951년　경북대학교 병원 산실 수간호사

1951년　결혼(봉산교회 나영기 집사)

1951년　안봉화 조산원 개원

1956년　대한조산협회 가입

　　　　(중앙회, 법인이사, 부회장 역임, 1985년까지)

1961년　대구여자사범대학 졸업, 교사 자격 취득

1968년   대구수성간호보조학원 개원

1970년   충주간호보조학원 개원

1972년   청주대학교 경영대학원 졸업, 경영진단사 자격 취득

1974년   한국부인회 충북도지부장, 1993년까지

1976년   한국전력 자문 위원

1980년   양곡소비절약 강사

1980년   한국은행 경제강좌 강사

1980년   민주정의당 충북 제1지구당 부위원장

1980년   치안국 선진질서 위원

1980년   청주시 정화위원회 조직(바르게살기협의회 수석부회장)

1980년   검찰청 선도위원(부위원장)

1982년   독립기념관 건립 추진위원

1983년   물가조절위원(충청북도 육류연동위원 겸임)

1984년   범민족 올림픽 추진위원, 1988년까지

1985년   고속철도 오송역 유치 위원

1989년   전국학원협의회 회장

1990년   전국체전 위원, 민주정의당 고문

1990년   국민은행 서청주지점 1일 지점장

1994년   한국부인회 충청북도지부 이사장(평생 이사장)

1995년   민주정의당 선거대책 위원

2001년   한국 여성단체 충북협의회 자문위원

2005년   자서전 『산은 멀리서 보아야 아름답다』 출간(성문회)

2016년   한국부인회 충북도지부장(재선임)

신력 및 교회 헌신

1926년   모태신앙으로 선산읍교회(이덕성 목사)에서 신앙생활 시작

1945년   세례(4월)

1952년   집사 임명(대구 봉산성결교회, 오영필 목사)

1953년   성결교회 여전도회전국연합회 임원 활동(서기, 회계)

1970년   서울신학대학교 후원회 이사

1970년   기독교대한성결교회 여전도회전국연합회 총무(5년 역임)

1971년   기독교대한성결교회 헬몬수양관 이사

         (이후 이사로 활동 지속)

1972년   청주 서문성결교회 여전도회 회장(1977년까지)

1976년   기독교대한성결교회 여전도회전국연합회 대의원 시작

1977년   나영기 장로 청광교회 개척(5월 19일)

1978년   청주 서원성결교회 전입(2월)

1979년   청주 서원성결교회 권사 취임(손덕용 목사)

1980년   기독교대한성결교회 여전도회전국연합회 회장

         (분리 이전, 평신도 출신)

1981년   기독교대한성결교회 성락원 실행이사

         (이후 이사로 활동 지속)

1981년   기독교대한성결교회 여전도회전국연합회 회장

         (분리 이전, 평신도 출신)

1982년   나영기 장로의 청광교회 재개척(6월)

1983년   청광성결교회 봉헌(부지 및 건축비 헌금)

1985년 기독교대한성결교회 여전도회전국연합회 회장(분리 이후)

1986년 기독교대한성결교회 전국권사회 창립

1987년 청주제일성결교회 봉헌

1989년 중국 길림성 연변조선족자치주 이도백하 백삼교회 개척

(서원교회 김종선 장로와 공동 헌당)

1990년 기독교대한성결교회 전국권사회 회장

1990년 경상북도 의성성결교회 봉헌

1991년 바나바훈련원 이사, 옥산 훈련원 건축위원장

1993년 사이판성결교회 교육관 봉헌

1993년 모스크바성결신학대학 이사(이후 활동 지속)

1994년 청주신학교 이사장(1999년까지 재임)

1995년 한국성결신문 후원회 부회장

1996년 중국 길림성 장춘 록원교회 봉헌

1998년 중국 길림성 장춘 로원교회 확장 건축 봉헌

1999년 CBS청주기독교방송 건축 대지 헌납 및 건축 헌금

2000년 기독교대한성결교회 평신도연합회 대표

2000년 중국 이동신학교 이사

2000년 서울신학대학교 성결인의 집 건축 후원

2001년 청주 성산성결교회 건축 후원

2001년 청주제일성결교회 이전 후원

2001년 안디옥선교회 후원(사역지 이전 후원)

2002년 청주 초양성결교회 건축 및 대지 매입 후원

2002년 청주 서원성결교회 선교관 건축 헌금

2003년   대구 봉산성결교회 대지 확장 매입비 후원

2003년   성결교회 역사와 문학연구회 이사(이후 활동 지속)

2004년   기독교대한성결교회 활천사 평생 이사

2004년   멕시코 생물교회 건축비 후원

2005년   멕시코 선교 사역 일환 교도소 출소자 숙소 건축 후원

2005년   서울신학대학교 백주년기념관 건축 후원

2009년   기독교대한성결교회 문준경전도사순교기념관 건립

         공동추진위원장

2011년   서울신학대학교 명예박사학위 수여

2016년   서울신학대학교 발전기금 후원(미수기념)

2016년   청주 서원성결교회 명예장로 추대(5월 8일)

2022년   4월 19일 충북 청주에서 소천

모두를 품은 정심 誠心

안봉화 평전

편집인 후기

2022년 여름, 故 안봉화 장로님의 책을 출판해달라는 부탁을 받았다. 교단에 몸담고 있을 때 이러저러한 일들로 만나 뵈었던 분이어서 반갑기도 했고, 그분의 평생이 궁금하기도 하던 차에 내부 회의를 거쳐 책을 출판하기로 했다. 신중하신 신경식 장로님의 원고 작업이 차분히 진행되었고, 치밀하신 나신종 권사님의 첨삭이 이어졌다. 그리고 편집인의 정리가 뒤를 따랐다. 책 제목은 '모두를 품은 성심, 안봉화평전'으로 정했다. 모두에게 만족스러운 작업이었다.

한 가지가 사안이 남았다. 주인공고 안봉화 장로님 호칭 문제였다. 한국교회의 관례와 기독교대한성결교회의 관련 법상 '장로' 호칭은 적합하지 않았다. 안봉화 장로님은 1996년 교회에서 권사로 은퇴하시고 명예 권사가 되셨다. 그런데 안봉화 장로님 구순九旬이 되던 해, 서원교회와 당시 당회장 송성웅 목사님은 장로님에게 그저 명예일지라도 장로

의 예우를 다하기로 천명했다. 그 어떤 법적인 고려를 하지 않은 공동체의 순수한 존대였다. 아흔이 되신 어르신에게 자리의 사명이 무슨 의미가 있겠는가. 그때 서원교회는 송성웅 목사님을 비롯한 모든 성도가 한평생 예수님을 위해 사신 장로님을 존대해 드리고 싶은 마음뿐이었다. 물론 장로님은 한사코 그 호칭을 거절했다. 평생 권사에 만족한다는 것이 본인의 변치 않는 마음이었다. 권사로 천국에 들어가도 아무 문제 없으니, 그런 명예 호칭은 두지 말자는 것이 장로님의 마음이셨다. 그렇지만 서원교회 공동체는 장로님에 대한 존대가 더 중요하다고 생각했다. 그리고 추대 예배를 통해 장로님에게 명예로운 장로의 호칭을 드렸다.

호칭에 대한 고민은 책을 출간하는 내내 이어졌다. 출판사 내에서 그리고 관계된 여러분들 사이에서 의견은 여전히 분분했다. 일단, 본문 흐름은 일반적인 '평전'의 원칙을 따라서 어떤 호칭을 첨가하지 않은 그

대로, '안봉화'로 하기로 했다. 그리고 안봉화에 대한 인칭대명사는 '그녀' 대신에 '그'라는 특정 성性을 지향하지 않는 중간 호칭으로 사용하기로 했다. 그러나 책 전체에서 안봉화 장로님의 호칭을 완전히 배제할 수는 없었다. 책 어디선가는 반드시 고인을 온전히 부르는 호칭이 등장해야 했다. 출판 편집을 담당하는 사람들 사이에 진중한 대화가 이어졌다. 저자 신경식 장로님과 그리고 나 신종 권사님과 깊은 대화가 이어졌다. 안봉화 '장로'라는 호칭을 사용하는 일에 서로 동의했다. 말년에 서원교회 공동체가 준 그 명예로운 호칭을 그대로 사용하자는 결론이었다.

편집인은 장로 호칭을 지켜드리고 싶었다. 논란이 오갔던 것도 알고 그 논란이 여전한 것도 알지만, 법의 테두리를 벗어나더라도 안봉화 장로님의 장로 호칭을 지켜드리는 일은 평전의 교훈을 살리는 일에서 중요했다. 평생 자기를 앞세우지 않고 하나님 나라와 교회와 그리고 교회의 지도자들을 앞세우신 장로님을 이 책의 진정한 주인공으로 세워 드리자는 마음이었다. 호칭의 시시비비를 떠나 평생을 하나님 안에서 성심으로 살다 가신 분에 대한 깊은 존경의 마음을 표현하고자 한 것이다. 책을 읽으시는 분들 사이에 분분한 마음을 이해한다. 그러나 책을 읽으시는 내내 그 분분함을 표현하지 않았으면 한다. 그분을 그냥 장로님으로 불러드렸으면 한다. 한평생 어김없이, 남김없이 자신을 온전히 드린 분에 대한 존경의 마음으로 말이다.

모두를 품은 설심 攝心
안봉화 평전